Henry David Thoreau

Lob der Wildnis

Aus dem amerikanischen Englisch
von Esther Kinsky

Mit Zeichnungen von
Bettina Krieg

Matthes & Seitz Berlin

Inhalt

Wilde Früchte

Moralisten pflegen vom Menschen zu sagen: »An ihren Früchten sollt ihr sie erkennen«, doch Botaniker sagen in der Regel von Pflanzen: »An ihren Blüten sollt ihr sie erkennen.« Das ist im Großen und Ganzen nicht schlecht, doch letztere sollten da eine Ausnahme machen, wo die Frucht bedeutender ist als die Blüte. Die Pflanzen sollten in dem Zustand verglichen werden, in dem ihre Bedeutung für den Menschen am größten ist. Ich sage: »Manchmal sind es die Früchte, an denen ihr sie erkennen sollt«, aber dann verwende ich das Wort ›Frucht‹ im herkömmlichen Sinne.

Vielleicht lohnt es die Mühe, sich einen Augenblick lang klarzumachen, was eine Frucht ist. Das Geheimnis des Lebens der Pflanzen ist mit dem unserer Leben verwandt, und der Physiologe sollte nicht voreilig ihr Wachstum mit mechanischen Gesetzen erklären oder so, als erläutere er eine Maschine, die er selbst konstruiert hat. Wir dürfen uns nicht anmaßen, die Heimstatt gleich welchen Lebens mit unseren

Fingern zu erkunden, egal ob es sich um Tier oder Pflanze handelt, denn dann werden wir nichts finden als Oberfläche, oder alle Früchte werden Äpfel vom Toten Meer sein, voll mit Staub und Asche. (Wissenschaft ist oft genug wie eine Larve, die zwar im Keim der Frucht verborgen gelegen hat und sie verdorben oder zerfressen haben mag, den Geschmack der Frucht aber nie kennengelernt hat.)

Der höchste Ausdruck oder die Frucht eines jeden geschaffenen Dings ist ein feiner Hauch, den nur der unbefangenste Verehrer zu erkennen imstande ist, der sogar zur Oberfläche einen andächtigen Abstand wahrt. Ursache und Wirkung sind gleichermaßen flüchtig und ungreifbar, und die Ursache muss in demselben Geist und mit derselben Ehrfurcht erforscht werden, wie die Wirkung wahrgenommen wird. Nur derjenige Intellekt macht irgendeinen Fortschritt beim Begreifen des Wesens, der gleichzeitig diesen Hauch wahrnimmt. Der grobe und unwissende Finger tastet nur immer in der äußeren Schicht herum, denn auch hier sind Einfalls- und Ausfallswinkel gleich, und das Wesen liegt, bildlich gesprochen, in demselben Abstand jenseits der Oberfläche (oder Materie), wie ihn diesseits die Ehrfurcht dem Auge des Betrachters gebietet, und nur die Ehrfurcht kann den richtigen Winkel feststellen. Sollen wir uns anmaßen, den Winkel zu ändern, in dem der Schöpfer gesehen werden möchte?

Entsprechend lehne ich auch die Erklärung ab, die Carpenter dafür gibt, dass eine Kartoffelpflanze in einem Keller zum Licht hin wächst. Er sagt: »Der Grund dafür ist ganz offensichtlich der, dass sich der Stängel infolge des Flüssigkeitsverlusts auf der lichtzugewandten Seite zusammenzieht, während die andere Seite prall mit Flüssigkeit gefüllt bleibt. Daher krümmt sich der Stängel, sodass seine Spitze die Ebene des Lichteinfalls erreicht, und dann wächst er in diese Richtung weiter.« Auf ähnliche Weise könnte er versuchen zu erklären, warum ich dem Licht entgegenwachse, und er fände zweifellos eine ähnlich erfolgreiche Erklärung, indem er feststellte, dass ich nach den Gesetzen menschlicher Fortbewegung meine Beine in diese Richtung krümme.

Es gibt keine Reife, die nicht sozusagen etwas Letztgültiges an sich enthält und bloß das vollendete Mittel zu etwas ist, was wir als höheren Zweck zu erkennen meinen. Zur Reife kann etwas nur dann gelangen, wenn es einem transzendenten Ziel dient. Wenn die Reifung eines Blattes vollendet ist (sofern wir das erkennen), verlässt es den Baum, um nie wieder dorthin zurückzukehren. Das vollzieht sich unabhängig von anderen Früchten, die der Baum hervorbringen mag, und nur Intuition kann es fassen. Die Frucht eines Baumes liegt weder im Samen noch im Holz, noch ist sie der ausgewachsene Baum selbst, sondern sie besteht – wie ich es vorläufig bezeichnen würde – schlicht in dem höchsten Nutzen, zu dem er kommen kann. Wie Mrs Lincoln in ihrer Botanik schreibt: »Die Reife der Samen kennzeichnet das Lebensende einjähriger Pflanzen und den Stillstand der Vegetation in baumartigen und mehrjährigen Pflanzen.«

Als La Mountain und Haddock kürzlich mit ihrem Ballon in der Wildnis Kanadas zu Boden gingen, wären sie um ein Haar verhungert oder an Kälte, Nässe und Erschöpfung zugrunde gegangen. So weit haben wir uns von einem einfachen und unabhängigen Leben entfernt. Ich glaube, dass ein umsichti-

ger und unabhängiger, selbständiger Mensch eine vollständige
Liste all dessen bei sich tragen sollte, was er in der Wildnis
oder einem primitiven Land an Essbarem vorfinden kann. Zumindest sollte er – von Streichhölzern und warmer Kleidung
ganz zu schweigen – einen kleinen Speisezettel in der Wes-
tentasche parat haben, um sich unverzüglich auf die Suche
nach Nahrung machen zu können. Die beiden Flieger hätten
zum Beispiel ein paar Frösche verspeisen können, wenn sie
gewusst hätten, wo sie danach suchen sollten. Da redet man
von Tarifen und Schutz der Heimarbeit, um für Notzeiten und
Krieg gewappnet zu sein! Hier decken wir unseren Brotbedarf
aus dem Westen, unseren Butterbedarf aus Vermont und unseren Bedarf bis hin zum Überfluss an Tee, Kaffee und Zucker
aus Gegenden auf der anderen Seite der Erde. Doch der wirklich umsichtige Mensch trägt eine Liste der essbaren Dinge in
nächster Nähe zumindest im Kopf immer bei sich, sogar dann,
wenn er über den Markt in der Stadt geht. Er weiß, was das
Land auf Dauer hergibt, und wird auf die schwersten Zeiten
vorbereitet sein. Er lässt die Städte und ihre Polizei hinter sich,
er durchschaut sie. Laufen diese nicht stets Gefahr, von der
Wildnis der Schimmelpilze und des Hausschwamms eingeholt
zu werden? Die Städte sind nur ein Lager, wo man heute im
Überfluss versorgt ist, doch morgen schon an seinen alten
Schuhen kauen kann. Einem Philosophen der reinen Ästhe-
tik, der in seinen Gedanken höher schwebt als gewöhnliche
Menschen, mag eine Gegend wie unsere, in die er gelegentlich
hinabsteigt, als eine ähnliche Wildnis erscheinen, wie es die
Gegend Kanadas für La Mountain und Haddock war. Mit Mühe
wird er einen kleinen Frosch in seiner Winterstarre finden,

um sich zu ernähren und dann entrüstet wieder der Sonne entgegen zu fliehen.

Ich habe beizeiten eine Inventarliste der hier vorhandenen gängigen Vorräte angelegt. Bigelow sagt: »Kein Botaniker wird, selbst bei Gefahr, in der Wildnis zu verhungern, in Versuchung kommen, seinen Hunger an der Wurzel oder Frucht eines unbekannten Exemplars von Nachtschatten- oder Ranunkelgewächsen oder doldenblütigen Wasserpflanzen zu stillen.« Doch würde er nicht einen Augenblick zögern, wenn es um Süßgräser, Beeren der *Pomacea*-Familie und ähnliche einheimische Gattungen ginge, bei denen keine gesundheitsschädigende Wirkung zu befürchten ist.

Die meisten von uns haben zu der Gegend unserer Heimat noch ein Verhältnis wie der Seefahrer zu unentdeckten Inseln im Meer. An jedem beliebigen Nachmittag können wir eine neue Frucht entdecken, die uns mit ihrer Schönheit oder Süße überrascht. Immer wenn ich bei meinen Spaziergängen auf ein paar Beeren gestoßen bin, deren Namen ich noch nicht kannte, schien mir der Anteil des Unbekannten unbeschreiblich, vielleicht sogar unendlich groß.

So segle ich auf dem unerforschten Meer von Concord, und es gibt etliche grüne Täler, Auwiesen und bewaldete Hügel, die mir wie meine ganz persönlichen Gewürzinseln vorkommen. Die vielgerühmten Früchte wie Apfelsinen, Zitronen, Ananas und Bananen, die aus dem Süden oder Osten eingeführt und auf unseren Märkten verkauft werden, interessieren mich kaum – ganz im Gegensatz zu den wilden Beeren, deren Schönheit zwar weniger augenfällig ist, doch die Jahr für Jahr den

Wanderungen durch wildes Gelände einen immer wieder neuen Reiz verleihen oder die ich beim Verzehr im Freien besonders köstlich finde. In unsere Ziergärtchen pflanzen wir importierte Büsche der Schönheit ihrer Beeren wegen, während mindestens ebenso schöne Beeren von uns unbemerkt auf Feld und Wiese der Umgebung wachsen.

Tropische Früchte sind für diejenigen, die in den Tropen leben. Das Beste und Süßeste an ihnen lässt sich nicht importieren. Als eingeführte Ware sind sie vor allem für die von Interesse, die nicht weiter wandern als über den Markt. Nicht die Apfelsine aus Kuba, sondern die Niedere Scheinbeere auf der Weide nebenan ist das größte Vergnügen für Augen und Gaumen der Kinder Neuenglands. Der absolute Wert einer Frucht nämlich bestimmt sich nicht durch ihre Fremdländischkeit, Größe oder Nahrhaftigkeit.

Leute wie wir halten nicht viel von Tafelobst. Das ist etwas für Würdenträger und für Genussmenschen. Der Phantasie bietet es nicht die Nahrung, die wilde Früchte liefern, sie würde verhungern, wenn sie auf diese Importe angewiesen wäre. Die Bittersüße der Eichel einer Weißeiche, die man bei einer rauen Novemberwanderung über fahlbraune Erde knabbern kann, bedeutet mir mehr als eine Scheibe importierter Ananas. Der Süden soll seine Ananas für sich behalten, wir wollen mit unserer Erdbeere zufrieden sein, die ja der Ananas sogar ähnelt, nur eben eine Beere ist, für die man ›in die Beeren geht‹, was ihren Geschmack viel reicher macht. Was sind all die nach England importierten Orangen im Vergleich mit den Hagebutten und Mehlbeeren in Englands Hecken? Auf erstere könnte man leicht verzichten, nicht aber auf die letzteren.

Fragt Wordsworth oder einen anderen englischen Dichter, was ihm lieber ist.

Der Wert dieser wilden Früchte liegt nicht in ihrem Besitz oder Verzehr, sondern in ihrem Anblick und der Freude, die man an ihnen hat. Schon der Ursprung des Wortes ›Frucht‹ legt das nahe. Es stammt von dem lateinischen ›fructus‹, das, was ›genutzt‹ oder ›genossen‹ wird. Ansonsten müssten ja das Beerensammeln und das Feilbieten auf dem Markt zwei Namen für ein und dieselbe Erfahrung sein. Natürlich wird jede Tätigkeit erst interessant durch den Geist, in dem man sie verrichtet, ganz gleich ob man nun ein Zimmer ausfegt oder Rüben verzieht. Pfirsiche sind zweifellos hübsche und schmackhafte Früchte, doch ihre Ernte für den Verkauf auf dem Markt beschäftigt die Phantasie des Menschen nicht im Entferntesten so sehr wie das Sammeln von Heidelbeeren für den eigenen Gebrauch.

Ein Mann rüstet mit großem Aufwand ein Frachtschiff aus und schickt es mit einer Besatzung von Schiffsleuten nach den westindischen Inseln. Ein halbes oder ein ganzes Jahr später kehrt das Schiff mit einer Ladung Ananas zurück. Wenn dabei nichts anderes herauskommt, als das, was der Spekulant gemeinhin anstrebt, wenn es sich um nichts weiter handelt als um ein sogenanntes erfolgreiches Unternehmen, dann interessiert mich diese Expedition weniger als die ersten Ausflüge eines Kindes in die Heidelbeeren, wobei es in eine neue Welt eingeführt wird, eine neue Erfahrung macht, auch wenn es nur eine Handvoll Beeren in seinem Körbchen heimbringt. Gewiss – die Zeitungen und die Politiker stellen das anders dar, sie berichten von anderen Werten und nennen andere

Preise – doch an der Tatsache ändert das nichts. Deshalb halte ich die Frucht der letzteren Unternehmung für edler als die der ersteren. Die Unternehmung insgesamt ist fruchtbarer. Im Vergleich dazu ist das, worauf die Zeitungsredakteure und Politiker solchen Wert legen, bloß Unfug.

Der Wert einer Erfahrung misst sich selbstverständlich nicht in dem Geld, das wir daraus gewinnen, sondern in dem Maße, in dem sie zu unserer Entwicklung beiträgt. Wenn der Umgang mit Apfelsinen und Ananas für einen Jungen in Neuengland mehr zu seiner Entwicklung beigetragen hat als das Sammeln von Heidelbeeren oder Verziehen von Rüben, dann sind erstere natürlich und berechtigterweise wichtiger für ihn, sonst nicht. Nein, es sind nicht diese von Spekulanten importierten, von weither geholten Früchte, die uns in erster Linie angehen, sondern vielmehr diejenigen, die man selbst an langen Nachmittagen auf Streifzügen über ferne Hügel und Moore im Henkelkorb gesammelt hat, die Erstlinge der Jahreszeit, eine erste Köstlichkeit für die Freunde zu Hause.

Gemeinhin gilt: Je geringer der Gewinn, den man hat, desto reicher und glücklicher ist man. Der Sohn des reichen Mannes bekommt Kokosnüsse, der des armen Mannes Ferkelnüsse, doch das Schlimmste dabei ist, dass der Sohn des Reichen nie selbst die Kokosnüsse sammelt und deshalb nie die Milch der Kokosnuss bekommt, während der Sohn des Armen sehr wohl die Milch der Ferkelnuss genießt. Was der Handel an sich reißt, ist stets der gröbste Teil einer Frucht – nichts als Schale und Rinde, denn die Hände des Handels sind grob. Das ist es, was die Schiffsbäuche füllt, was exportiert und importiert, mit Steuern belegt und schließlich in den Läden verkauft wird.

Es ist schlicht eine Tatsache, dass sich die edleren Früchte oder Teile einer Frucht nicht zu einem Handelsgegenstand machen lassen. Der höchste Nutzen und Genuss, den man ihnen abgewinnen kann, ist nicht käuflich. Das Vergnügen, das der genießt, der die Frucht wirklich selbst pflückt, kann man nicht im Handel erwerben. Und ebenso wenig kann man einen guten Appetit kaufen. Kurz: Man kann einen Diener oder einen Sklaven kaufen, aber keinen Freund.

Die Masse der Menschen lässt sich leicht etwas aufzwingen. Die meisten haben ihre ausgetretenen Pfade, auf denen sie sich immer bewegen, und werden unweigerlich in jede ihnen bereitete Falle gehen und in jede Grube fallen, die man ihnen gegraben hat. Jedes Geschäftsunternehmen, das erwachsene Kinder ernsthaft betreiben, wird als achtbar betrachtet, ja sogar als etwas Großes angesehen und kann sich der Anerkennung durch Staats- und Kirchenleute sicher sein. Was aber gelten, nur unter dem Gesichtspunkt der Schönheit betrachtet, beispielsweise die blauen Wacholderbeeren auf der Weide für Kirche oder Staat? Ein Kuhhirte, und mit ihm wohl jeder, der wirklich auf dem Land lebt, mag sie zu schätzen wissen, aber sie genießen nicht den Schutz einer Gemeinschaft; jeder kann davon raffen, soviel er will; nur als Handelsware gilt ihnen die Aufmerksamkeit der zivilisierten Welt. Geht zur englischen Regierung, die selbstredend der Vertreter des Volkes ist, und fragt: »Welchen Nutzen haben Wacholderbeeren?«, und sie wird antworten: »Sie geben Gin seinen Geschmack.« Ich habe gelesen, dass zu diesem Zweck jährlich mehrere hundert Tonnen Wacholderbeeren vom Kontinent nach England importiert werden, doch auch diese Menge ist dem Verfasser des

Berichts zufolge »bei Weitem nicht genug, um dem enormen Konsum dieses feurigen Getränks gerecht zu werden, die fehlende Menge wird mit Terpentin gedeckt.« Das ist kein Nutzen der Wacholderbeeren, es ist ein Missbrauch der Frucht, und eine aufgeklärte Regierung – sollte es jemals eine solche geben – wird mit so etwas nichts zu tun haben wollen. Der Kuhhirte versteht mehr davon als die Regierung. Wir wollen lieber die Dinge bei ihrem rechten Namen nennen.

Niemand soll also meinen, die Früchte Neuenglands seien unbedeutend und unscheinbar, während die aus anderen Ländern bemerkenswert und edel sind. Das Hiesige, das zu uns gehört, ganz gleich was es ist, ist viel wichtiger für uns, als es Fremdes je sein kann. Was hier heimisch ist, kann uns etwas beibringen, ihm haben wir zu verdanken, dass wir hier leben können. Die wilde Erdbeere ist wichtiger für uns als die Ananas, der wilde Apfel wichtiger als die Orange, Kastanie und Ferkelnuss sind wichtiger als Kokosnuss und Mandel. Das liegt nicht allein an ihrem Geschmack, sondern vielmehr an der Rolle, die sie für unsere Entwicklung spielen.

Wer nun meint, es handele sich hier nur um simplen, ungehobelten Geschmack, dem wollen wir die Worte des Perserkönigs Cyrus entgegenhalten: »Es ist keinem Land beschieden, hervorragende Früchte und tapfere Krieger hervorzubringen.«

Erdbeeren

Die Erdbeere ist die früheste essbare Frucht, die bei uns gedeiht. Ich finde die ersten manchmal schon um den dritten Juni, meistens jedoch um den zehnten, jedenfalls bevor die Gartenerdbeeren angeboten werden. Ende Juni ist der Höhepunkt ihrer Saison. Im Gras reifen sie eine Woche später und sind bis Ende Juli zu finden. Um den dreißigsten Mai fallen mir die grünen Früchte ins Auge, und zwei, drei Tage später, vielleicht bei einem Spaziergang auf dem Südhang eines trockenen, unbewaldeten Hügels oder über die sonnigen, windgeschützten Stellen zwischen Buschwerk, überlege ich, ob die Erdbeeren möglicherweise schon Farbe annehmen. Wenn ich an den günstigsten Stellen nachschaue, etwa gleich unterhalb der Hügelkuppe, entdecke ich Beeren, die sich schon röten, und schließlich auf dem trockensten, sonnigsten Flecken oder Vorsprung, zwei oder drei, die ich reif nennen könnte, obwohl meistens nur die der Sonne zugewandte Seite rot ist. Manchmal finde ich eine halb versteckt im Sand einer Eisenbahnböschung oder sogar in der sandigen Erde neben einem ausgehobenen Graben auf der Wiese. Anfangs, und vor allem, wenn man nicht darauf gefasst ist, sind die Früchte zwischen den rötlichen unteren Blättern der Pflanze schwer zu erkennen, als wollte die Natur sie auf diese Art und Weise verbergen. Die Pflanze ist so bescheiden, sie wirkt wie ein unscheinbarer Teppich. Keine essbare wilde Frucht, mit Ausnahme der Sumpf-Preiselbeere (*Vacciniae oxycoccus*), die allerdings gekocht werden muss, reift so nah am Boden wie diese ersten Erdbeeren in höheren Lagen. Vergil bezeichnet nicht umsonst die Erdbeere als »humi nascentia fraga«, »die an der Erde wachsende Beere«.

Welches Aroma kann unserem Gaumen größere Freude bereiten als das dieser kleinen Frucht, das gleich zu Sommeranfang und ohne unser Zutun aus der Erde steigt? Wie schön und köstlich diese Speise ist! Ich warte jedes Jahr ungeduldig darauf, diese erste Frucht des Sommers zu pflücken und zu essen, auch wenn sie auf der Unterseite noch ein bisschen grün ist, noch ein bisschen sauer schmeckt und auch ein bisschen sandig, weil sie so dicht am Boden liegt. Ich schmecke die erdbeerduftende Erde mit. Ich bekomme genug, um wenigstens auf meinen Fingern und Lippen rote Spuren zu hinterlassen.

Am nächsten Tag finde ich vielleicht an einer ähnlich gelegenen Stelle ein, zwei Handvoll Beeren, die schon reif sind, oder die ich reif nennen will, die größten und süßesten immer dort, wo die Triebe über dem Sand hängen. Meistens bekomme ich dann auch einen ersten Hauch oder sogar Geschmack des Schildkäfers, der bekanntlich nur eine Frucht zu streifen braucht, um seinen eigentümlichen Geruch auf ihr zu hinterlassen. Wie ein echter Störenfried kann er dem Sammler so eine ganze Portion Erdbeeren verderben, ohne selbst überhaupt etwas von der Frucht zu haben. Es ist verblüffend, mit welch unfehlbarem Instinkt dieser kleine Bursche die ersten Erdbeeren ausfindig macht.

Die frühen Erdbeeren findet man auf den günstigen, der Sonne ausgesetzten Stellen, am Hang kleiner Kuppen und Erhebungen und in der Umgebung der kleinen sandigen Mulden, wo in den letzten Jahren Kühe die Erde aufgescharrt haben, wenn sie zum ersten Mal auf die Weide gebracht wurden, wo sich die Rangordnung ausbildete und ein Tier die Leitrolle erkämpfte. Manchmal sind die Beeren noch vom Staub kurz zurückliegender Konflikte bedeckt.

Im Frühling kommt es immer wieder vor – was ich auch seit Langem schon aufgezeichnet habe –, dass ich einen unbeschreiblich süßen Wohlgeruch wahrnehme, den ich auf keine besondere Quelle zurückführen kann. Mag sein, dass es der süße Duft der Erde ist, von dem man im Altertum sprach. Ich habe die Blume noch nicht gefunden, die ihn ausströmt, doch scheint mir die Erdbeere die Frucht zu sein, die zu ihm gehört. Es ist nur natürlich, dass die erste von der Erde hervorgebrachte Frucht des Jahres den Frühlingshauch, der kurz zuvor die Luft erfüllt hat, in konzentrierter Form ausströmt und verkörpert. Erdbeeren sind das Himmelsbrot, das sich an all den Stellen findet, wo dieser Wohlgeruch in der Luft lag. Sind nicht die Säfte aller Früchte ein Destillat der Luft?

Die Erdbeere gehört zu den Früchten, deren Duft so bemerkenswert ist wie ihr Geschmack, sogar ihr lateinischer Name ›fraga‹ soll sich so erklären lassen. Ihr Duft ist, ähnlich wie bei der Niederen Scheinbeere, besonders auffallend. Die verwelkten Zweige mancher Nadelbäume, insbesondere der Balsam-Tanne, riechen ganz ähnlich.

Unter hundert Leuten findet sich vielleicht einer, der weiß, wo man die frühen Erdbeeren pflücken kann. Es ist eine Art indianisches Wissen, das man durch geheime Überlieferung erwirbt. Ich weiß sehr wohl, was diesen Lehrjungen, der gerade meinen Weg gekreuzt hat, am heutigen Sonntagmorgen in die Hügel ruft. Egal in welcher Fabrik oder welchem Büro er arbeitet – wenn die ersten Erdbeeren sich röten, ist er genauso unfehlbar zur Stelle wie der erwähnte Schildkäfer, auch wenn er das ganze übrige Jahr im Verborgenen weilt. Er folgt einem inneren Instinkt. Und der Rest der Menschen ahnt nicht einmal im Traum etwas davon. Die wenigen wilden Erdbeeren, die es bei uns gibt, sind längst gepflückt, wenn die Masse von ihnen Wind bekommt.

Erdbeeren in Gärten oder in Marktkörben, in Viertelpfund-schalen, gezüchtet und verkauft von einem tüchtigen Geizkragen aus der Nachbarschaft, die lassen mich kalt. Was mich hingegen sehr interessiert, sind diese kleinen natürlichen Vorkommen an trockenen Hügelhängen, auch wenn meine Ausbeute oft nicht größer ist als eine Handvoll. Doch manchmal ist der Boden rot von Früchten, die ansonsten unfruchtbare Erde ist mit Erdbeeren übersät wie mit roten Perlen, obwohl kein Gärtner hier zum Jäten, Gießen oder Düngen angestellt ist. Die Beeren haben dann einen mageren Streifen von drei, vier Metern ganz mit Beschlag belegt, sie sind die üppigste Vegetation, die hier gedeiht, und bei Regenmangel vertrocknen sie schnell.

Aber es gibt auch andere Gelegenheiten für mich, die ersten

Erdbeeren des Jahres zu kosten. Beim Paddeln auf dem Fluss überrascht mich ein Gewitter, ich ziehe mein Boot an einem festen Uferhang an Land, kippe es um und verkrieche mich darunter. Dann liege ich eine gute Stunde dicht am Boden, mache aus der Not eine Tugend und untersuche, was auf diesem Flecken wächst. Kaum lässt der Regen nach, krieche ich aus meinem Unterschlupf, strecke die Beine und stolpere sogleich über ein kleines Erdbeerfeld in nächster Nähe, das Gras ganz rot von den Früchten, die ich unter den letzten vereinzelten Tropfen des Regenschauers pflücke.

Doch die Erdbeere ist ein Geschenk, das wir nicht mit ungetrübter Freude annehmen. Wir haben Mitte Juni schon hinter uns, das Wetter ist trocken und diesig. Wir geraten tiefer in den Dunst der Erde, wir leben jetzt in einem gröberen Element und sind um diese Zeit, wie mir scheint, vom Himmel wieder weiter entfernt als im Frühling. Sogar die Vögel singen nicht mehr mit derselben Inbrunst und Lebhaftigkeit. Die Jahreszeit von Hoffnung und Verheißung ist vorbei, und schon ist die Saison der kleinen Früchte da. Wir sind ein wenig traurig, weil uns die Kluft zwischen unseren Hoffnungen und ihrer Erfüllung offenbar wird. Die Aussicht auf Himmlisches ist von Dunst getrübt, und was uns bleibt, sind ein paar kleine Beeren.

Auf gestrüppigem Gelände finde ich noch Ansammlungen großer, üppiger Erdbeerpflanzen, doch scheinen mir diese nur Blätter hervorzubringen, sie tragen kaum Früchte, weil sie sich bis zur trockenen Jahreszeit ganz an ihr Blattwerk verschwendet haben. Die früheren und kümmerlicheren Pflanzen auf trockenem Hochland hingegen bringen ihre Früchte schon vor der Trockenzeit hervor.

Auch in Wiesenland stößt man oft auf dichte Gruppen verwilderter Pflanzen ohne Früchte, während andernorts im Gras Früchte und Blattwerk zusammen gedeihen. Das sind die Stellen, wo die Beeren am dichtesten stehen. Diese wilderen Wiesenerdbeeren sind im Juli reif und bringen manchen in Versuchung, das hohe Gras bei der Beerensuche niederzutrampeln. Von oben betrachtet sind sie kaum wahrnehmbar, doch biegt man die hohen Halme auseinander, liegen da lauter Erdbeeren in kleinen schattigen Mulden neben den Graswurzeln, während andernorts die Früchte schon ganz vertrocknet sind.

Doch meistens ist es nur eine Kostprobe, die wir hier bekommen, dann machen wir uns wieder auf den Weg, die Finger rotgefärbt und duftend, bis wir sie an der nächsten Quelle abwaschen. Der Wanderer in dieser Gegend hat Glück, wenn er zwei, drei Handvoll Erdbeeren pro Jahr sammelt, wahrscheinlich noch mit ein paar unreifen grünen Beeren und Blättern zu einer Art Salat vermischt, während er das Aroma der reifen Beeren in Erinnerung behält. Doch weiter im Norden ist es anders. Dort gibt es Erdbeeren in prosaischer Fülle, denn diese Pflanze liebt die kühleren Regionen. In New Hamsphire, hundert Meilen nördlich von hier, habe ich sie in rauen Mengen gefunden, am Straßenrand, im Gras und rings um die Baumstümpfe auf den frisch gerodeten Hängen. Sie sprießen und gedeihen dort mit einer unvorstellbaren Energie. Meistens sind dann Forellenbestände nicht weit; Forellen lieben anscheinend die gleiche Art Luft und Wasser wie die Erdbeeren, und der Wanderer in den Bergen von New Hampshire findet in den Hütten Erdbeeren und Forellenangeln unter einem Dach. In der Gegend von Bangor sollen sie an den Wurzeln der kniehohen Gräser wachsen, und bei heißem Wetter riecht man sie bevor man sie erblickt, so auch auf den Bergen mit Blick auf den fünfzehn Meilen entfernten Penobscot, wo sich die weißen Segel unzähliger Schoner blähen. Dort, wo Silberlöffel und Untertassen Mangelware sind, alles andere aber in Hülle und Fülle vorhanden ist, pflegt man in einem großen Topf Erdbeeren mit Sahne und Zucker zu verrühren, während sich die Gesellschaft um den Topf schart, ein jeder mit einem großen Löffel in der Hand.

In seiner *Reise zum Nordmeer* schreibt Hearne, dass man große, aromatische Erdbeeren – von den Indianern ›Oteagh-minick‹ genannt, weil die Frucht annähernd herzförmig ist – bis zum Churchill River findet, insbesondere da, wo der Boden abgeflämmt worden ist. Sir John Franklin zufolge nennt der Stamm der Cree die Früchte ›Oteimeena‹, und laut Tanner heißt sie beim Stamm der Chippeway ›O-da-e-min‹, offenbar alles ein und dasselbe Wort mit derselben Bedeutung. Tanner schreibt, die Chippeway träumen oft davon, ins Jenseits zu gehen, doch wenn man an die »große Erdbeere gelangt, wo sich die le-bi-ug – die Geister der Toten – für ihre Reise stärken« und den Löffel ergreift, um ein Stück davon zu kosten, dann stellt man fest, dass sie zu Fels geworden ist, zu jenem weichen roten Sandsteinfelsen, der für die Gegend am Oberen See kennzeichnend ist. Der Stamm der Dakotah bezeichnet den Monat Juni als ›Wazuste-casa-wi‹, »der Monat, wenn die Erdbeere rot ist«.

Erdbeeren werden in den hiesigen Breiten größer und verbreiteter gewesen sein, bevor sie durch die Kultivierung verdrängt wurden oder verkümmerten. Sie sind das erste Mor-

genrot eines Landes, sein Rot des Sonnenaufgangs, eine Art
Ambrosia, das nur auf olympischem Boden gedeiht.

Im Jahre 1808 bestätigte der Südstaatler Mr Peters in einem
Brief an eine Gesellschaft in Philadelphia, dass auf einem rund
achthundert Morgen großen Gebiet, das im letzten Jahrhun-
dert einem Waldbrand zum Opfer gefallen war, nun Erdbeeren in großer Menge gediehen. »Die alten Leute der Gegend«,
schreibt er, »konnten die überquellende Fülle und den dichten
Teppich der Erdbeeren nicht genug rühmen, und erzählten, der
Geruch der reifen Erdbeeren sei bereits aus großer Entfernung
wahrnehmbar gewesen. Manche beschrieben die ausgedehnte,
mit unzähligen Blüten bedeckte Fläche zur Blühzeit der Pflanzen in solchen Worten, dass man es, wäre die Tatsache nicht so
gut belegt, für Erfindung halten würde. Dieses unnachahmli-
che Prachtkleid der Natur und die Unzahl der geschäftig sum-
menden Bienen an Blüten und Früchten am Rande des Wald-
stücks vor dem Hintergrund der schroffen und zerklüfteten
Berge werden ein Bild ländlicher Idylle abgegeben haben, das
einer dichterischen Beschreibung zweifellos würdig war.«

Hier bei uns sind die Erdbeeren und der Rahm des Landes
verschwunden. Der unsagbare Duft, der der Beere ihren lateinischen Namen gibt, kann von unseren gedüngten Feldern nie
mehr aufsteigen. Wenn wir den konzentrierten Duft und diese
Frucht jungfräulicher und unbewirtschafteter Gegenden in ihrem Reinzustand erleben wollen, müssen wir uns an die kühlen Ufer des Nordens begeben, wo vielleicht die Nebensonnen
ihren Samen verstreuen; zu den Prärien der Assiniboine, wo
ihre Fülle die Hufe der Pferde und Büffel der Prärie angeblich
rot färbt; oder nach Lappland, wo, wie man liest, die grauen

Felsen, die über den bescheidenen Häusern der Lappen auf-
ragen, »unter den wilden Erdbeeren buchstäblich rot erglü-
hen – diese wundersamen Erdbeeren, die überall in Lappland
sprießen und so üppig vorhanden sind, dass sie die Hufe der
Rentiere und den Schlitten des Reisenden rot färben, und dennoch ein so zartes und unvergleichliches Aroma haben, dass
der Zar selbst Kuriere ausschickt, die sie ihm in seinen Som-
merpalast nach Zarskoje Selo bringen.« In Lappland, dieser
Gegend des Zwielichts, wo man sich kaum vorstellen kann,
dass die Sonne je kräftig genug scheint, um eine Erdbeere rot
zu färben, geschweige denn zu reifen! Doch wollen wir sie
nicht mehr ›strawberry‹ – Strohbeere – nennen, denn dieser
Name leitet sich von dem Stroh ab, das man in England und Ir-
land unter die gezüchteten Gartensorten breitet. Das ist nicht
der Name, den der Lappe oder Chippeway ihr gibt. Besser nennen wir sie bei ihrem indianischen Namen ›Herz-Beere‹, denn
in der Tat ist sie ein leuchtend rotes Herz, das wir zu Anfang
des Sommers essen, damit uns die Natur ihren guten Mut für
den Rest des Jahres verleiht.

Gelegentlich findet man noch im November eine zweite Ernte in zartem abendlichem Rot, eine Antwort auf das morgend-
liche Rot des Frühlings.

Schwarze Heidelbeere

Die schwarze Heidelbeere beginnt um den dritten, häufiger aber um den dreizehnten Juli zu reifen, kann um den zweiundzwanzigsten gepflückt werden, erreicht den Höhepunkt ihrer Saison um den fünften August und bleibt frisch bis Mitte August.

Es ist ein aufrechter Busch, je nach Geschütztheit der Lage mehr oder weniger kräftig, mit buschiger, ausladender Krone und dunkelbrauner Rinde, die frischen Triebe sind rötlich, die Blätter dick. Die Blüten sind kleiner und viel röter als die der anderen Vertreter der Erikapflanzen. Die Pflanze gedeiht angeblich von Saskatchewan bis zu den Bergen von Georgia und vom Atlantik bis zum Mississippi, doch während sie in unseren Gegenden im Überfluss vorhanden ist, kommt sie innerhalb dieser Grenzen über weite Strecken gar nicht vor.

Botaniker nennen sie neuerdings – und meiner Meinung nach ohne guten Grund – *Gaylussacia resinosa*, nach dem bedeutenden französischen Chemiker. Wenn er der Erste gewesen wäre, der die Säfte dieser Pflanze destilliert und in jenen kugelförmigen Behälter abgefüllt hätte, würde ihm diese Ehre gebühren, auch wenn er sich durch das Sammeln von Heidelbeeren hervorgetan und womöglich gar seine Ausbildung auf diese Weise finanziert hätte, oder auch wenn er nur ein berüchtigter Liebhaber dieser Frucht gewesen wäre, dann hätten wir gegen diesen Namen nichts einzuwenden. Doch allem Anschein nach hat er nie auch nur eine schwarze Heidelbeere gesehen. Man stelle sich vor, eine Kommission von Pariser Naturkundlern wäre ausersehen worden, diese wichtige Neuigkeit einem Indianermädchen zu überbringen, das gerade am Ufer des Huron-Sees ihren Korb mit den Beeren gefüllt hatte! Das ist so ähnlich, als wenn man uns mitteilte, dass die Daguerrotypie endlich nach dem ruhmreichen Beschwörer der Chippeway namens Der-Wind-der-weht benannt worden wäre. Ein anderer Naturkundler hat der Pflanze den Namen *Andromeda baccata* gegeben, die beerentragende Andromeda, doch ganz offensichtlich lebte er von Heidelbeeren und Milch weit entfernt.

Die grünen Beeren des Strauchs fallen mir um den neunzehnten Juni auf, und etwa drei Wochen später – immer früher als erwartet –, wenn ich sie schon fast wieder vergessen habe, bemerke ich an einem sonnigen Hang ein paar blaue oder schwarze Exemplare zwischen den grünen Beeren und Blättern, und auch wenn diese eindeutig noch nicht richtig reif sind, lasse ich es mir nicht nehmen, sie zu kosten und so die Heidelbeersaison zu eröffnen. Ein, zwei Tage später sind so viele schwarze Beeren zwischen den grünen, dass man bei den reif wirkenden keine Wurmstichigkeit mehr zu argwöhnen braucht. Einen weiteren Tag später pflücke ich eine Handvoll von einem Strauch und berichte auch zu Hause davon, wo man mir allerdings selten Glauben schenkt, weil die meisten in der Buchführung des Jahresablaufs so hinterherhinken.

Wenn es ein gutes Jahr ist, sind die Hügel Anfang August schwarz von Beeren. Bei Nagog Pond habe ich gut hundert Scheffel auf einem Feld gesehen, schwer von Beeren hingen die Sträucher über die Felsen, was sehr edel und kostbar aussah, auch wenn man keine davon pflücken konnte. Sie haben alle möglichen Formen, Farben und Geschmacksnoten, manche sind rund, manche birnenförmig, manche glänzend schwarz, manche mattschwarz, manche blau mit einer zähen dicken Schale (aber nie dieses besondere helle Blau von Blaubeeren mit ihrem samtigen Schimmer), manche süßer, andere fade, und so weiter – es gibt mehr Arten als die Botaniker verzeichnen.

Heute sammelt man vielleicht ein paar von den großen, oft birnenförmigen süßen blauen Beeren, die an hohen, schütteren Sträuchern zwischen dem Holzabfall von Rodungen wachsen. Hundert Jahre lang haben sie hier, von Bäumen überschattet und im Wuchs behindert, keine Frucht getragen, doch umso mehr haben sie ihre Säfte konzentriert und von den neuen Rezepten profitiert, die die Natur für sie bereithielt, und jetzt bieten sie Früchte mit dem edlen Aroma eines alten Jahrgangsweins. Und morgen trifft man sie auf einem Gelände mit dichter feuchter Erde an, wo schwarze Beeren leuchtend schimmern, eine jede hat ihr Auge auf den Betrachter geheftet, und die blauen Beeren sind so groß und fest, man kann sie kaum für Heidelbeeren und für essbar halten, sie sehen aus wie in einem Wunderland oder Traum. Diese Beeren sind fester als die anderen Vertreter der Wald- und Heidelbeerfamilie und deshalb am besten für den Handel geeignet.

Betrachtet man eine Heidelbeere aus der Nähe, sieht man, dass sie getupfelt ist, wie mit einem gelben Pulver bestäubt. Durchs Mikroskop sieht es wie Harz aus, und auf den kleinen grünen Beeren hat es eine auffällige hellorange oder zitronengelbe Farbe, wie winzige gelbe Flechten. Es handelt sich dabei um dieselbe glänzende harzige Substanz, die die jungen Blätter so auffällig bedeckt und klebrig macht – deshalb auch der Artenname *resinosa* – die Harzige.

Eine Sorte wächst in Sümpfen, ein hoher, schmaler Strauch, der zur einen Seite überhängt oder sich wie Gras neigt, meistens drei bis vier Fuß hoch, nicht selten aber auch sieben, die Beeren, die später reifen als die ersteren, sind rund und glänzend schwarz, mit den üblichen harzigen Tupfen, sie stehen in oben abgeflachten Trauben, gelegentlich bis zu zehn oder zwölf in einer Dolde. Ich nenne sie die Sumpf-Heidelbeere.

Die auffallendste Sorte jedoch ist die rote Heidelbeere, manchmal auch weiße genannt (die weniger reifen Früchte sind weißlich), die zur gleichen Zeit reift wie die schwarze. Sie ist rot mit einer weißen Wange, oft leicht birnenförmig, halb durchsichtig und glänzend, sehr klein und mit unscharf umrissenen weißen Tupfen bedeckt. Sie lässt sich sowohl reif wie unreif leicht von der gemeinen Heidelbeere unterscheiden. Ich kenne höchstens drei, vier Stellen im Bereich des Stadtgebiets, wo diese Beeren wachsen.

Einmal habe ich für einen Mann Land vermessen, der mir dann – als die Arbeit so gut wie getan war – nebenbei sagte, er wisse noch nicht, wann er mich bezahlen könne. Das war zwar ungewöhnlich, doch anfangs maß ich dem keine große Bedeutung bei und nahm an, er würde mich in absehbarer Zeit schon bezahlen. Ich dachte mir zwar: Wenn er nicht wusste, wann er mich bezahlen würde, könnte ich noch viel weniger wissen, wann ich mein Geld bekommen würde, doch er setzte hinzu, ich brauchte nichts zu befürchten, er habe ja Schweine im Stall (und die hübschesten Schweine, die man sich vorstellen konnte), und schließlich war da ja auch sein Hof, den ich selbst vermessen hatte und somit von seiner Existenz ebenso gut wusste wie er. Monate später ließ er mir einen Korb rote Heidelbeeren schicken, die auf seinem Land wuchsen. Das schien mir nichts Gutes zu verheißen – diese Gabe war eine allzu große Aufmerksamkeit mir gegenüber, ich war ja kein enger Freund von ihm. Mir dämmerte, dass es eine erste Rate auf meinen ausstehenden Lohn war, der wahrscheinlich nicht viele weitere folgen würden. Im Lauf der Jahre zahlte er einen Teil seiner Schulden in Geld, und dann hörte ich nichts mehr von ihm. Vor geschenkten roten Heidelbeeren werde ich mich in Zukunft hüten.

Heidelbeeren vertrocknen schnell und bleiben kümmerlich, wenn vor Ende Juli kein Regen fällt und sie rettet. Die Trockenheit lässt sie hart und schwarz werden, bevor sie noch reif geworden sind. Andererseits neigen sie bei ausgiebigem Regen dazu, im reifen Zustand aufzuplatzen und dadurch zu verderben. Schon Mitte August werden sie weich und wurmstichig, und um den zwanzigsten August machen auch die Kinder nicht mehr die Runde mit ihren Körbchen, die sie verkaufen wollen, weil die Käufer den Beeren nicht mehr trauen.

Wie spät im Jahr ist es schon, wenn die Heidelbeeren wurmig werden und die Sammler von den Feldern verschwinden! Jetzt fühlt sich der Wanderer sehr einsam.

...

Die Pflanzenkundler rechnen die Heidelbeeren zur großen Gruppe der Heidekrautgewächse, die in vieler Hinsicht den Heidekrautgewächsen der Alten Welt ähneln. Wenn die ersten Botaniker Amerikaner gewesen wären, hätte man diese ganze Familie einschließlich aller Heidekrautgewächse vielleicht als Heidelbeerfamilie bezeichnet. Die Pflanzen dieser Gattung (*Ericaceae*) gehörten zu den frühesten Pflanzen, die in Fossilien erhalten sind, und man möchte meinen, dass sie bis ans Ende aller Tage auf der Erde vertreten sein werden.

...

Dem Wörterbuch zufolge stammt das Wort ›Beere‹ vom sächsischen ›beria‹ ab, das eine Traubenbeere oder Traube von Beeren bezeichnete. Ein französischer Name für Heidelbeere ist ›raisin de bois‹ – Traube des Waldes. Es liegt auf der Hand, dass das Wort ›Beere‹ in Amerika eine neue Bedeutung hat. Wir haben noch gar nicht begriffen, wie reich an Beeren unser Land ist. Die alten Griechen und Römer haben sich nicht viel aus Erdbeeren, Heidelbeeren, Melonen und dergleichen gemacht, weil sie keine hatten.

Nach der neuesten Ordnung unserer Pflanzen haben wir in Neuengland vierzehn Arten der Heidelbeer-Familie (*Vacciniae*). Elf davon bringen essbare Beeren hervor, von denen acht roh gegessen werden. Von diesen acht Arten wiederum sind fünf sehr verbreitet, nämlich die Pennsylvania Blaubeere, die Kanadische Blaubeere (im Norden Neuenglands), die

Gemeine Niedere Blaubeere und die hohe Blaubeere, auch Sumpfblaubeere genannt. Loudon und anderen Botanikern entnehme ich hingegen, dass es in England nur zwei Arten gibt, die roh gegessen werden, nämlich die Heidelbeere (*Vaccinium myrtillus*) und die Moorbeere (*Vaccinium uliginosum*). Beide kommen auch in Nordamerika vor, in Großbritannien allerdings nur in Nordengland und Schottland. Demnach kommen von den zweiunddreißig Arten *Vaccinium*, die Loudon beschreibt, alle in Nordamerika vor, während man drei, höchstens vier auch in Europa findet. Dennoch meinen und behaupten die Engländer, mit denen ich darüber gesprochen habe, gerne, dass sie genauso viele Heidelbeeren haben wie wir.

...

Doch ist ersichtlich, dass die Heidelbeeren kein wichtiger Bestandteil der gängigen Speisen waren, die die Alt-Engländer traditionell zur entsprechenden Jahreszeit verzehrten – ganz im Unterschied zu den Neuengländern. Was wäre das für ein Sommer, in dem wir keinen Heidelbeer-Pudding zu essen bekämen! Das ist für Jonathan dasselbe wie der Plumpudding für John Bull.

Und dennoch spricht Dr. Manasseh Cutler, einer der ersten Botaniker Neuenglands, so wegwerfend von der Heidelbeere als einer Frucht, die nichts weiter auszeichnet, als dass Kinder sie gern mit Milch essen. Welche Undankbarkeit, sich so hinter den Kindern zu verschanzen! Ich würde mich nicht wundern zu erfahren, dass Dr. Manasseh Cutler die ganze Saison über ebenso wie viele seinesgleichen regelmäßig seinen Heidelbeerkuchen aß. Wahrscheinlich ließ er sich durch englische Bücher irreführen – oder aber die Weißen machten sich zu seiner Zeit nicht viel aus Beeren.

...

Man kann also mit Bestimmtheit behaupten, dass es im alten England wesentlich weniger Sorten essbarer Beeren gibt als in Neuengland. Der Engländer Coleman sagt von der englischen Himbeere, der besten Beere, die sie haben, und die wir auch kultivieren, dass »die wildwachsenden Arten zu spärlich vorkommen, um große Bedeutung zu haben.« Das gilt allgemein für wilde Früchte. Hagebutten und Mehlbeeren sind dort vergleichsweise wichtiger als hier, wo der Volksmund nicht einmal einen eigenen Namen für sie hat.

Ich stelle das nur fest, um zu zeigen, wie zufrieden und dankbar wir sein können.

Man darf auch nicht vergessen, dass die Vegetation in Großbritannien einer viel nördlicheren Breite angehört als unsere; manche unserer Hochgebirgspflanzen wachsen dort schon auf Wiesen, und ihre beiden Arten von Heidelbeeren gelten bei uns als alpine oder extrem nördliche Pflanzen.

Wer aufmerksam genug hinschaut, wird in all unseren Wäldern auf Schritt und Tritt Blau- und Heidelbeerbüsche finden. Manche mögen kümmerlich und unfruchtbar sein, doch insgesamt sind sie die beharrlichsten Ureinwohner des Landes, bereit bei den nächsten Wahlen der Pflanzen emporzuschießen und wieder zu Macht und Würde zu gelangen, bereit, die Hügel wieder zu bekleiden, wo der Mensch sie entblößt hat, und die verschiedensten Ansiedler zu ernähren. Was macht es schon, dass der Wald gerodet wurde – es scheint, als habe die Natur diesen Notfall schon lange vorausgeahnt und alles dafür vorbereitet, sie lässt das Interregnum nicht zu einer Zeit der Unfruchtbarkeit werden. Sie beginnt nicht nur unverzüglich mit der Heilung der Narbe, sondern entschädigt uns auch für den Verlust und erfreut uns mit Früchten, wie sie der Wald nicht hervorbringen konnte. Es heißt, dass Sandelholz den Fäller in eine Duftwolke hüllt, und auf ähnliche Weise belohnt die Natur die Hand desjenigen, der sie verheert, mit unverhofften Früchten.

Ich brauche mir nur jedes Jahr zu merken, wo ein Stück Wald gerade vor ausreichend langer Zeit gerodet worden ist, um zu wissen, wo ich die Beeren suchen muss. Am Waldboden harren sie des richtigen Augenblicks, um uns einmal in hundert Jahren Nahrung zu schenken. Wenn der Bauer seine verkrautete Weide abflämmt, um den Graswuchs zu verbessern oder Kinder fernzuhalten, dann sprießen die Heidelbeeren dort kraftvoller als je zuvor, und junge Blaubeertriebe färben die Erde rot. Alle unsere Hügel sind Blaubeerhügel, oder waren es einst, die drei Hügel von Boston und sicher auch Bunker Hill auf der anderen Seite. Meine Mutter kannte noch eine Frau, die in die Heidelbeeren ging, wo jetzt Dr. Lowells Kirche steht.

Kurzum, die Heidelbeerbüsche in den Nordstaaten und dem Britischen Amerika sind eine Art Miniaturwald, der unter dem großen Wald existiert, und zum Vorschein kommt, wenn dieser gerodet ist, der sich jedoch weiter nach Norden hin auch über die Waldgrenzen hinaus erstreckt. Die Eskimos in Grönland nennen die kleinen beerentragenden Sträucher dieser Familie Beerengras, und Crantz schreibt, dass die Grönländer ihre Winterhäuser mit Blaubeerbüschen, Erde und Grasstücken abdecken. Sie werden auch verheizt, und ich habe von

jemandem hier in der Gegend gehört, der eine Maschine erfunden hat, mit der man Heidelbeersträucher zu Brennstoff
zerkleinern kann.

Es ist bemerkenswert, wie allgemein und unabhängig von
Boden- und Lichtbedingungen die Heidelbeerfamilie bei uns
verbreitet ist, auf jede weiteren dreihundert Meter über dem
Meeresspiegel kommt eine neue Sorte, und in jedem Boden
und jeder Lage gedeiht die eine oder andere Art. In Sümpfen
haben wir die hochwachsende Blaubeere, die zweite niedere
Blaubeere und die Heidelbeere auf fast allen Feldern und Hügeln; die Pennsylvanische und die Kanadische Blaubeere vor
allem an kühlen, luftigen Stellen, auf Waldlichtungen und an
Hügel- und Berghängen sowie zwei Sorten, die nur auf den al-
pinen Gipfeln unserer höchsten Berge anzutreffen sind. Damit
ist die ganze Familie dieser Pflanze vom tiefsten Talgrund bis
zum höchsten Bergesgipfel vertreten und bildet das vorherr-
schende niedere Gebüsch eines großen Teils von Neuengland.

Das Gleiche gilt für die in der hiesigen Gegend einzige ver-
tretene Art der Familie, nämlich die eigentliche Heidelbeere.
Ich kenne keinen Strauch und Busch in der ganzen Umgebung,
in dessen Nachbarschaft nicht auch eine Heidelbeerpflanze
gedeiht. Bei Loudon steht, dass alle Pflanzen dieser Gattung
»Torfboden oder einen festen Humusboden verlangen«, doch
das ist bei der Heidelbeere nicht der Fall. Sie wächst auf den
Gipfeln unserer höchsten Hügel, keine Weide ist ihr zu felsig
oder öd, sie wächst in den wüstenartigen Geländen, die es bei
uns gibt, auf bloßem Sand, und gedeiht doch ebenso in der
kräftigsten, fruchtbarsten Erde. Eine Sorte – abgesehen von
der allerdings nicht genießbaren behaarten Heidelbeere – gibt

es nur in Sumpfgebieten, wo man kaum von Erde als Untergrund sprechen kann. Mehr oder weniger spärlich ist sie auch in unseren Wäldern verbreitet, und eine gesonderte Art, die langstielige Heidelbeere, gedeiht insbesondere in feuchten Wäldern und Dickicht.

Wie viel Sorge trägt die Natur, um Vögeln und Vierbeinern ebenso wie dem Menschen eine schmackhafte Beere dieser Art zu bieten, die, mit geringfügigen Variationen, je nach Bodenverhältnissen und Klima, überall gedeiht, wo sich ein Abnehmer findet. Mais und Kartoffeln, Äpfel und Birnen haben eine vergleichsweise spärliche Verbreitung, während wir auf dem Gipfel des Mount Washington – höher als jeder andere uns bekannte Strauch gedeiht – unseren Korb mit Heidelbeeren füllen können, wie man sie in Grönland findet, und bei uns zu Hause, in den tiefstgelegenen Mooren Heidelbeeren ernten können, wie der Grönländer sie im Traum noch nicht gesehen hat.

Das Vorkommen des größten Teils der Beeren, deren Loblied ich hier singe, ist annähernd identisch mit den Gebieten der sogenannten Algonquin-Familie der Indianer, die da lebten, wo heute die östlichen, mittleren und nordwestlichen Staaten und Teile Kanadas liegen, und die das Gebiet der Iroquois in der Gegend des heutigen New York umschlossen. Diese Beeren waren die kleinen Früchte der Algonquin und Iroquois.

Die Indianer maßen den wilden Früchten eine viel größere Bedeutung bei, als wir es tun, und die Heidelbeeren galten ihnen als besonders wichtig. Sie haben uns nicht nur den Nutzen von Mais beigebracht und uns gelehrt, wie man ihn anbaut, sondern auch Nutzen und Vorzüge der verschiedenen Heidelbeeren und die Methoden, diese für den Winter zu trocknen.

Wir hätten lange gezögert, die Beeren zu kosten, wenn uns die Indianer nicht ein Beispiel gegeben hätten, weil sie aus langer Erfahrung wussten, dass diese Beeren nicht nur unschädlich, sondern sogar der Gesundheit zuträglich sind. Bei einem Spaziergang in Maine konnte ich unter der Führung eines alten Indianers meine Liste essbarer Beeren um etliche erweitern, denn ich sah ihn dort Beeren essen, die zu kosten ich nie zuvor erwogen hatte.

Es ist vielfach belegt, dass die Indianer seit unvordenklichen Zeiten bis auf den heutigen Tag die Heidelbeere zu allen Jahreszeiten intensiver und vielfältiger verwendet haben und ihr eine viel größere Bedeutung beigemessen haben, als wir es tun. Indianer haben getrocknete Beeren oft in Form von Kuchen oder ähnlichen Mehlspeisen verzehrt. Was wir als Heidelbeerkuchen bezeichnen – aus indianischem Mehl und Heidelbeeren hergestellt – muss eines der Hauptnahrungsmittel der Ureinwohner gewesen sein. Diese verarbeiteten andere Beeren und Früchte auf ähnliche Weise, setzten ihren Kuchen oft auch Dinge zu, die uns weniger zusagen würden, jedoch meines Wissens niemals Backtriebmittel wie Soda, Pottasche oder Alaun. Kein anderes Nationalgericht ist so allgegenwärtig und bekannt wie dieser Kuchen, den es überall gab, wo Heidelbeeren und Mais gediehen. Die Indianer genossen diesen Kuchen lange bevor unsere Vorfahren überhaupt von indianischem Mais und Heidelbeeren gehört hatten, und wenn man vor tausend Jahren hier gereist wäre, hätte man diesen Kuchen angeboten bekommen, ganz gleich ob in Connecticut, Potomac, Niagara, Ottawa oder Mississippi.

Doch man erfährt wenig über die Verwendung der frischen

Beeren durch die Indianer, über den Verzehr der Früchte in der eigentlichen Beerensaison. Darüber gibt es auch wenig zu sagen, wenngleich diese Form des Verzehrs für sie vielleicht die wichtigste war. Wir haben massenweise Rezepte in sogenannten Kochbüchern, doch wenn eine Frucht oder ein Kuchen zum Verzehr bereit auf dem Tisch steht, bleibt wenig anderes zu tun als zu essen, ohne große Worte zu verlieren. Deshalb haben wir kaum Berichte über Indianer, die in die Beeren gehen, obwohl ihnen dafür mehr als sechs Wochen Ferienzeit zur Verfügung standen, und sie wahrscheinlich sogar auf Heidelbeerbüschen ihre Zelte aufschlugen.

Der letzte Indianer von Nantucket starb vor ein paar Jahren, und in Nantucket selbst sah ich ein Bild von ihm, auf dem er sehr passend mit einem Korb Heidelbeeren in der Hand dargestellt ist, als wolle er so auf die Beschäftigung seiner letzten Tage verweisen. Ich bin sicher, dass die letzten Heidelbeeren noch lange nicht gepflückt sein werden, wenn ich sterbe.

Meiner Meinung nach wäre es gut, wenn unsere Botaniker die indianischen Namen soweit wie möglich wieder einführen und anstelle der derzeit gebräuchlichen griechischen, lateinischen oder englischen Namen zur Bezeichnung der zahlreichen Sorten von Heidelbeeren verwenden würden. Sie könnten sowohl wissenschaftlichen als auch volkstümlichen Zwecken dienen. Jedenfalls ist es gewiss nicht angebracht, diese so besonders amerikanische Familie sozusagen von der anderen Seite des Atlantik aus zu betrachten.

Auf der Suche nach einer vermeintlich ehrwürdigen Abstammung sind Botaniker schon lange geneigt, diese Pflanzenfamilie bis zum Berg Ida zurückzuverfolgen. Tournefort gibt

ihr sogar den Namen ›Traube vom Berg Ida‹. Die gemeine englische Himbeere hat auch den Namen *Rubus Idae*, oder ›Ranke
vom Berg Ida‹, nach dem alten griechischen Namen. In Wahr-
heit scheint es so zu sein, dass Blaubeeren und Himbeeren am
besten in kühlen und luftigen Lagen gedeihen, auf Bergen und
Hügeln, und ich bin gern bereit zu glauben, dass auf dem Berg
Ida zumindest etwas Ähnliches wächst. Doch der Berg Monad-
nock ist nicht schlechter als der Berg Ida, und wahrscheinlich
für Blaubeeren besser, obwohl sein Name angeblich bedeutet
›Schlechter Fels‹. Doch dem Dichter sind auch die übelsten
Felsen gut genug. Wollen wir also die östliche Unklarheit der
Beerenherkunft durch westliche Klarheit ersetzen.

In den nördlichen Staaten haben wir ein paar wilde Pflau-
men und ungenießbare Holzäpfel, ein paar schmackhafte Trauben und viele annehmbare Nüsse, doch meiner Ansicht nach
sind es die vielen verschiedenen Beerenarten, die unsere wilden Früchte ausmachen und mit den höher gerühmten Erzeug-
nissen der Tropen vergleichbar sind. Ich für meinen Teil würde
sie nicht gegen andere eintauschen, denn es geht ja nicht allein
darum, eine volle Schiffsladung verkäuflicher oder essbarer
Ware zu bekommen, sondern auch um die Freude, die man
beim Sammeln und Pflücken von Früchten hat.

Was ist die Birnenernte verglichen mit der Heidelbeerernte?
Gartenfreunde machen viel Aufhebens von ihren Birnen, aber
wie viele Familien ernten oder kaufen ein Fass Birnen in einem
ganzen Jahr? Birnen sind vergleichsweise uninteressant. Ich
koste im Jahr höchstens ein halbes Dutzend Birnen und ver-
mute, dass die meisten sogar noch weniger bekommen als ich.
Doch die Natur häuft mindestens sechs Wochen lang Beeren

auf den Tisch. Nicht einmal die Apfelernte ist so wichtig wie die Heidelbeerernte. Wahrscheinlich beläuft sich die Menge der im Laufe eines Jahres von einer Familie verzehrten Äpfel auf höchstens ein Fass pro Familie. Doch was ist das im Vergleich mit einem Monat oder noch mehr, in dem man Heidelbeeren sammeln kann – für jeden, ob Mann, Frau oder Kind – und die Vögel obendrein. Auch der Ertrag an Orangen, Zitronen, Nüssen, Rosinen, Feigen, Quitten und dergleichen geht uns im Vergleich damit wenig an. Im Mai und Juni sind unsere Felder und Hügel mit einer Fülle der kleinen Blüten dieser Pflanzen-familie geschmückt, die glockenförmigen, meist dem Boden zugewandten rosa und rötlich getönten Blüten sind von Insek-tengesumm erfüllt, jede einzelne der Vorbote einer Beere, wie sie natürlicher, bekömmlicher, wohlschmeckender kein Boden hervorbringen könnte. Das sind die Blüten der Familie der *Vacciniae* oder Heidelbeeren, die einen so großen Teil unserer Beeren liefert, die beerenverheißenden Blüten der *Vacciniae*! Diese Frucht wächst wild im ganzen Land, in Freiheit und Fül-le, ein wahres Ambrosia. Und dennoch widmen sich Menschen, diese törichten Teufel, der Tabakzucht, erfinden Sklaverei und tausend andere Plagen nur dazu, um unter unendlichen Mü-hen und Unmenschlichkeiten ihr Leben lang Tabak anzubauen. Das ist ihr Rohstoff, nicht die Heidelbeeren. In Kränzen steigt der Tabakrauch von diesem Land auf, es ist der einzige Weih-rauch, den die Anwohner ihren Göttern zu Ehren verbrennen. Was gibt Leuten wie uns die Befugnis, zwischen Christen und Mohammedanern einen Unterschied zu machen? Alle mögli-chen Handelsinteressen sind am allgemeinen Gericht vertre-ten, der Kabeljauhandel ebenso wie der Makrelenhandel, nur die Heidelbeere hat keinen Vertreter. Die ersten Entdecker und Erforscher dieses Landes berichten von dieser Frucht, und die letzten schenken ihr so gut wie keine Beachtung.

Blaubeeren und Heidelbeeren sind so einfache, gesunde Früchte, dass sie für den Menschen durchaus von Wichtigkeit sind. Man kann sich schwerlich ein Land ohne solche Beeren vorstellen, von denen der Mensch leben kann wie ein Vogel – eine Frucht, die in unserem Land auch jetzt noch so allgegenwärtig ist wie zu den Zeiten, als der rote Mann hier lebte. Sind sie nicht die wilden Früchte ersten Ranges?

Was hat es zu bedeuten, dass es nur in dieser Jahreszeit Beeren im Überfluss gibt? Die Natur tut, was sie kann, um ihre Kinder zu ernähren, und die gerade flügge gewordenen jungen Vögel finden jetzt viel zu essen. Jeder Strauch und jede Ranke tragen das Seine bei und haben dem Wanderer köstliche und gesunde Nahrung zu bieten. Er muss nicht weit vom Weg abgehen, um so viele Beeren pflücken zu können, wie er möchte. Etliche Sorten stehen bereit, je nachdem, ob ihn der Weg über Höhen oder durch Täler führt, durch Wald oder offenes Feld, Heidelbeeren verschiedener Farben und Geschmacksnuancen gibt es fast überall.

Der Mensch steht im Grunde in einer ähnlichen Beziehung zur Natur wie die Tiere, die im Vorbeigehen pflücken und essen. Die Felder und Hügel sind eine stets gedeckte Tafel. Die Schalen unzähliger Beeren sind angefüllt mit stärkenden Säften und Essenzen, mit Weinen jeder Art, die sich die Tiere auf Schritt und Tritt zu Gemüte führen. Für uns sind sie nicht nur zum Zweck der Ernährung sondern auch der Geselligkeit geschaffen, eine Einladung zum Picknick mit der Natur. Wir pflücken und essen in ihrem Gedenken. Es ist eine Art Sakrament, eine Kommunion – die unverbotenen Früchte, zu deren Genuss uns keine Schlange in Versuchung führt. Luftige, unschuldige Leckerbissen, die uns in Bezug zur Natur setzen, uns zu ihren Gästen machen und ihrem Schutz und ihrer Fürsorge empfehlen.

Wenn ich wie jetzt beim Ersteigen eines unserer Hügel Heidel- und Blaubeerbüsche sehe, die sich unter der Last der Beeren biegen, erscheinen sie mir durchaus würdig, einen zum Himmel strebenden Berg, einen Olymp zu krönen. Dass es ein Olymp ist, ein Sitz der Götter, wo man solche Gedanken hat, und dass man selbst beim Essen dieser Beeren eine Gottheit ist, wird einem nicht gleich in den Sinn kommen, doch – warum sollte der Mensch in einem der wenigen königlichen Augenblicke, die er erlebt, einem Thron entsagen? Man isst solche Beeren auf den trockenen Weiden, wo sie nicht zu dem Zweck wachsen, einen Appetit zu stillen, sondern so schlicht und natürlich wie einem die Gedanken kommen, als wären sie Nahrung für das Denken, und, trocken wie das Denken, nähren sie sicher auch das Gehirn.

...

So viel Überfluss an Beeren, und dennoch sieht man weder Vögel noch Tiere, die sie essen – nur Ameisen und den Heidelbeer-Käfer. Wir haben Glück, dass die Kühe auf der Weide sie nicht mögen und links liegen lassen. Wir sehen Vögel und Vierbeiner selten in den Beeren, weil es einen solchen Überfluss gibt und die Tiere es nicht nötig haben, dort zu fressen, wo wir gerade ernten. Dabei sind die Beeren für die Tiere viel wichtiger als für uns. Wenn ein Rotkehlchen eine Heidelbeere abpflückt, fällt uns das weniger auf, als wenn es unseren bevorzugten Kirschbaum heimsucht, und der Fuchs streicht ohnehin nur dann durch die Felder, wenn wir nicht in der Nähe sind.

...

Die Beeren sind aber auch deshalb von Bedeutung, weil sie Kinder in die Welt der Felder und Wälder einführen. Die Beerensaison wird so sehr geachtet, dass die Kinder dann Schulferien haben, und viele kleine Finger sind damit beschäftigt, Beeren zu sammeln. Oft ist es ein Zeitvertreib und keine Plackerei, und man verdient auch noch etwas dabei. Der erste August ist für sie der Jahrestag der Emanzipation in Neuengland.

Frauen und Kinder, die sonst nie über ferne Hügel, durch Felder und Moore streifen, kann man jetzt dabei beobachten, wie sie sich, mit ihrem halben Hausrat bewaffnet, dorthin aufmachen. Der Holzhacker geht im Winter ins Moor, um Holz zum Heizen zu schlagen, im Sommer begeben sich seine Frau und Kinder dorthin, um Beeren zu pflücken. Jetzt sieht man, wer eine echte Frau vom Lande ist, sie geht nicht zum Strand, kennt sich mit Beeren und mit Nüssen aus, eine maskuline Frau der offenen Felder, ihr Gesicht hat etwas Wildes.

Nun macht man sich im Heuwagen auf in jenes Elysium, das der Seher Zacharias entdeckt hat, ohne noch einem anderen davon zu erzählen, im ungefederten Heuwagen – eine Herausforderung für empfindliche Nerven und gefüllte Eimer, wenn alle auf dem Wagenboden sitzen: Eine solche Fahrt ist für Unterhaltungen günstig, weil das unablässige Gerumpel alle Dummheiten übertönt und die ansonsten peinlichen Pausen füllt – um Szenen zu erblicken, die noch denkwürdiger sind als die Beeren; doch für den alten Wanderer ist vor allem die verstreute Gesellschaft, von Büschen halb verdeckt, eine neu-

artige und interessante Erscheinung. Wenn es heiß ist, bre-
chen die jungen Zweige von den Sträuchern und tragen sie in
den Schatten, wo die Mädchen in Ruhe die Beeren abpflücken
können. Ein Verfahren, das allerdings von Faulheit und Un-
bedachtheit zeugt und außerdem den Hügel verunstaltet. Hier
wird vieles geboten, was nicht im Programm steht. Für den,
der ein musikalisches Gehör hat, mag das vielleicht der Klang
einer noch nie zuvor vernommenen Kuhglocke sein oder ein
plötzlicher Wolkenbruch, der einen in die Flucht jagt, oder
eine Panne.

Ich habe meine Lehrzeit geleistet und seither jede Menge Ge-
sellenstücke im Heidelbeerfeld vollbracht. Ich habe zwar damit
nie mein Schul- und Kleidergeld verdient, aber das Beerensammeln selbst war die beste Ausbildung, die ich bekommen
habe, und sie hat nichts gekostet. Theodore Parker* war nicht
der einzige, der seine Ausbildung durchs Heidelbeerpflücken
bekommen hat, auch ohne anschließend nach Harvard oder
auf eine Schule zu gehen, die außerhalb des Heidelbeerfelds
lag. Dort war die Universität, wo man die immerwährenden
Rechte und Gesetze, Medizin und Theologie studieren konnte.
Wozu die Eile, wenn es darum geht, vom Heidelbeerfeld in den
Hochschulhof zu gelangen?

So wie in früheren Zeiten diejenigen, die auf der Heide lebten, fern der Städte und den in den Städten geltenden Lehren
hinterherhinkend, abfällig als ›Heiden‹ bezeichnet wurden, so
werden auch wir Bewohner der Heidelbeerweiden, die unsere
›Heide‹ ist, uns schwer tun, städtische Vorstellungen zu über-
nehmen, auch wenn wir dann vielleicht am Ende als ›Heidel-
beerler‹ abgetan werden. Das Schlimme dabei ist, dass die Ab-

gesandten der Städte eher unserer Beeren wegen kommen als mit dem Ziel, uns Rettung zu bringen.

Früher kam es an stillen Sommervormittagen gelegentlich vor – etwa wenn zu Mittag ein Pelerinen-Schneider zu bewirten war und ein Heidelbeerkuchen auf dem Speiseplan stand – dass man mich als Kind von vielleicht zehn Jahren, allein auf einen Hügel in der Nähe schickte. Meine Schulbildung konnte einen solchen Eingriff vertragen, man würde schon eine Entschuldigung finden. So mager auch die Beeren auf den Hügeln ringsum wachsen mochten, genug für einen Kuchen würde man bis elf Uhr sicher sammeln können – und auch reife, obwohl ich manche dreimal zwischen den Fingern drehte, um festzustellen, ob sie auch nicht unreif waren. Ich hielt mich dabei immer an die Regel, keine Beeren zu essen, bis mein Gefäß voll war, denn Beerensammeln heißt mehr, als bloß Beeren zu essen. Die zu Hause würden nur den Kuchen bekommen – der ziemlich schwer im Magen lag – während ich den ganzen Vormittag im Freien sein durfte und den nötigen Appetit für den Kuchen dabei von selbst bekam. Zu Hause bekam man nur die Rosinen im Kuchen, während ich die viel süßeren Rosinen bekam, die nie in einen Kuchen gelangen.

Manchmal ging ich auch mit anderen Kindern, von denen einige so seltsam geformte Gefäße bei sich trugen, dass ich mich fragte, was darin wohl mit den Beeren geschehen würde. Zum Beispiel brachten manche Kinder eine Kaffeekanne zum Beerensammeln mit. Dieses Gefäß besaß zumindest den einen Vorzug, dass der Junge, der auf dem Heimweg gierig ein, zwei Handvoll genascht hatte, nur den Deckel draufsetzen und seinen Behälter zu schütteln brauchte, um ihn wieder voll aus-

sehen zu lassen. Doch wahrscheinlich ist das bei jedem hoch-
wandigen Behälter so. Damals gab es ein Junges Amerika, das
jetzt ein Altes Amerika ist, doch seine Grundsätze und Motive
sind immer noch dieselben, werden nur auf andere Dinge an-
gewandt. Kurz bevor man einen Beerenhang erreichte, rann-
ten die Kinder meistens schon los, jedes stürzte sich auf einen
Flecken und rief: »Meins!« während es die Grenzen markierte,
das galt manchmal als Gesetz auf dem Heidelbeerfeld. Die Ge-
biete der Indianer und Mexikaner haben wir uns ja schließlich
nach ganz ähnlichen Gesetzen angeeignet.

Einmal stieß ich auf eine ganze Familie – Vater, Mutter und
Kinder – die ein Heidelbeerfeld regelrecht verwüsteten. Sie
schnitten im Gehen die Zweige von den Büschen und schlugen
sie über der Kante einer Kiepe aus, bis diese gefüllt war – mit
reifen und unreifen Beeren, mit Blättern, Stengeln und dergleichen, und so bewegten sie sich wie Wilde allmählich aus
meinem Blickfeld.

Ich weiß noch sehr gut, mit welchem Gefühl von Freiheit
und Abenteuergeist ich ein paar Jahre später mit dem Eimer
in der Hand über die Felder in Richtung eines fernen Hügels
oder Sumpfes wanderte, wenn ich den ganzen Tag ausbleiben
durfte, und diese Erweiterung des Horizonts meines ganzen
Daseins würde ich auch heute gegen alle Gelehrtheit der Welt
nicht eintauschen. Befreiung und Erweiterung des Horizonts –
das ist die Frucht, nach der jede Kultur trachtet. Ich wusste
plötzlich mehr von Büchern, als wenn ich ununterbrochen
daraus gelernt hätte. In dem Schulzimmer, in dem ich mich
dort befand, sah und hörte ich unweigerlich Dinge, die sich zu
sehen und zu hören lohnten, und lernte unfehlbar meine Lek-

tion, weil diese von selbst zu mir kam. Diese Erfahrung, die ich immer wieder machte, war die Hauptveranlassung für mich, zur Akademie zu gehen und zu guter Letzt tatsächlich aus einem Buch zu lernen.

Doch leider, leider haben sich die Zeiten zum Schlechten gewandelt! Ich höre, dass Heidelbeerpflücker aus den Feldern vertrieben werden und ich sehe Parzellierungen mit schrift-. lichen Hinweisen, die das Pflücken verbieten. Manche verpachten ihre Felder oder lassen pflücken. Sic transit gloria ruris. Ich will nicht einzelnen die Schuld zuweisen, sondern allen – um unser aller Schicksal zu beklagen. Man kann nicht dankbar genug dafür sein, ein gutes Stück Leben schon gelebt zu haben, bevor die Dinge sich so entwickelten. Was soll aus dem wahren Wert des Landlebens werden, wenn man dafür zu Markte gehen muss? Soweit ist es jetzt gekommen, dass der Metzger uns die Heidelbeeren in seinem Karren bringt. Das ist doch fast so, als wenn ein Henker auch Ehen schließen würde. Unsere Zivilisation tendiert unvermeidlicherweise dazu, Heidelbeeren zu einer Art Beefsteak zu reduzieren: Vier Fünftel des Ganzen, nämlich das Erlebnis des Ausflugs zum Beerensammeln, werden zunichtegemacht, was bleibt ist der Kuchen, die Mehlspeise, also das, was am ehesten zum Beefsteak passt. Wir alle wissen, was es heißt, in die Beefsteaks zu gehen. Es heißt, zuerst einmal dem alten Arbeitskameraden Ochs auf den Schädel zu hauen, oder vielleicht nach abyssinischer Art ihm ein Steak aus der Seite zu schneiden und darauf zu warten, dass das Stück nachwächst. Beim Metzger gibt es jetzt, wie in Kreide auf der Tafel draußen angeschrieben steht, »Kalbskopf und Heidelbeeren« im Angebot.

Ich habe den Verdacht, dass die Bewohner Englands und der ganze europäische Kontinent auf diesem Wege, nämlich durch Bevölkerungswachstum und Zunahme des Monopolwesens, ihre natürlichen Rechte nach und nach verloren haben. Die wilden Früchte der Erde verschwinden vor der Zivilisation, oder man findet auf den großen Märkten nur mehr ihre Hülsen. Das ganze Land wird sozusagen eine Stadt und ein abgegraster Gemeindeanger, wo außer Hagebutten und Mehlbeeren kaum noch andere Früchte übrig sind.

Was ist das für ein Land, wo die Heidelbeerfelder Privatbesitz sind? Wenn ich auf der Landstraße an solchen Feldern vorbeikomme, wird mir das Herz schwer. Ich sehe das Land mit einer Plage geschlagen. Die Natur liegt dort unter einem Schleier. Ich beeile mich, solche vermaledeiten Orte hinter mir zu lassen. Nichts könnte ihr schönes Angesicht mehr entstellen. Ich kann dieses Feld von nun an nur noch als die Stelle betrachten, wo köstliche und kostenlose Beeren zu Geld gemacht werden, wo die Heidelbeere entweiht wird. Gewiss, wir haben das Recht, aus Beeren ebenso Privatbesitz zu machen wie aus wildem Gras und Bäumen; diese Praxis ist nicht schlimmer als tausend andere, die durch Gewohnheit sanktioniert sind. Das aber ist gerade das Schlimme daran, denn es zeigt, wie schlecht der Rest ist, und wozu unsere Zivilisation und Arbeitsteilung natürlicherweise führen.

Es kommt soweit, dass A, Heidelbeersammler von Beruf, das Feld von B pachtet und dieses nun, wie anzunehmen ist, mit einem patentierten, von einem Pferd gezogenen Heidelbeerraffel aberntet. C, seines Zeichens Koch, befehligt die Zubereitung einer Mehlspeise aus einigen dieser Beeren, während Professor

D, für den das Gericht bestimmt ist, in seiner Bibliothek sitzt und an einem Buch schreibt – einem Werk über die *Vacciniae,* versteht sich. Und das Ergebnis eines solchen Niedergangs wird sich in diesem Buch ablesen lassen, welches die krönende Frucht des Heidelbeerfelds sein sollte. Es wird wertlos sein. Nichts vom Geist der Heidelbeere wird darin enthalten sein, und seine Lektüre wird zu nichts führen als zur Trägheit des Fleisches. Ich glaube an eine andere Art von Arbeitsteilung: Professor D sollte angehalten werden, seine Zeit nach Belieben zwischen Bibliothek und Heidelbeerfeld zu teilen.

Was ich hier vor allem beklage, ist eine Form von Zerstörung: indem wir Menschen um die Gelegenheit bringen, auf unserem Feld Beeren zu sammeln, bringen wir sie auch um den Gewinn von Gesundheit, Freude, Inspiration und unzähligen schöneren und edleren Früchten als den dort gedeihenden Beeren, Früchte, von denen wir keine Ahnung haben, und die wir auch selbst nicht ernten oder gar zu Markte tragen – denn es gibt gar keinen Markt dafür –, sondern dort an den Büschen verfaulen lassen. So entziehen wir einem schlichten und zuträglichen Verhältnis zur Natur nur weiteren Boden. Solange die Beeren für jeden, der kommt, unentgeltlich sind, sind sie schön, auch wenn es nur wenige kleine sind, doch wenn mir einer von einer gepachteten Blaubeerheide erzählt, würde ich nicht mal einen Blick darauf werfen wollen. Wir lassen die Beeren so in die falschen Hände fallen, nämlich in die Hände derer, die sie nicht zu schätzen wissen. Das zeigt sich allein daran, dass die Betreffenden jedes Interesse am Beerenpflücken verlieren, wenn wir ihnen kein Geld dafür geben. Ihr Interesse an den Beeren ist rein finanziell. Das ist die Verfassung unserer Gesellschaft: Wir schließen einen Kompromiss und lassen zu, dass die Beeren erniedrigt werden – ja, sie werden gleichsam versklavt.

Sobald wir Besitzanspruch auf die ohne unser Zutun gediehenen Früchte unserer Weiden erheben, sind wir uns einer gewissen Niedertracht sehr wohl bewusst, und die fröhliche Gesellschaft von Beerensammlern, die wir abweisen, wird ganz natürlich auf uns herabschauen und uns verachten. Ist es nicht wahrscheinlich, dass die Beeren selbst auf die Frage, wer sie bekommen soll, antworten würden, dass sie lieber von der Kindergesellschaft im Heuwagen gepflückt werden wollen, die nur zum Vergnügen gekommen sind?

Das ist der Preis, den wir dafür bezahlen, dass wir eine Eisenbahn haben. Alle unsere sogenannten Fortschritte und Verbesserungen haben die Tendenz, das Landleben städtisch zu machen. Ich sehe jedoch nichts, das uns für den damit verbundenen Verlust entschädigt. Das lässt, wie bereits gesagt, alle möglichen Rückschlüsse auf die Grundlagen etlicher unserer Einrichtungen zu. Doch will ich damit nicht nur Klage über diese grassierenden Gepflogenheiten führen – es soll nicht heißen, dass ich Cäsar weniger, sondern dass ich Rom mehr liebe.

Die Europäische Preiselbeere

Die Europäische Preiselbeere, erster September.

Vaccinium oxycoccus hat eine kleine, jetzt – am 23. August 1854 – lila gesprenkelte Frucht, die flach auf dem Moos liegt, manche Beeren sind teilweise scharlachrot, an endständigen Stielen, mit schlanken, fadenförmigen Stängeln und kleinen, ledrigen Blättern. Emerson nennt sie die ›Gemeine Preiselbeere Nordeuropas‹, die Preiselbeere, die dort auch im Handel ist.

Heute Nachmittag habe ich mich aufgemacht, um in die Preiselbeeren zu gehen, hauptsächlich um die kleinen Beeren zu sammeln. Das war ein bescheidenes Vorhaben, das aber wegen des bevorstehenden Frosts nicht aufgeschoben werden durfte, jedenfalls nicht, wenn ich in diesem Jahr den Geschmack der Europäischen Preiselbeere mit dem unserer einheimischen größeren Sorte vergleichen wollte. Ich hatte mir in den Kopf gesetzt, zu Thanksgiving eine Schale mit Preiselbeerkompott aus selbstgesammelten Früchten auf dem Tisch zu haben. Ich konnte mich aber kaum dazu entschließen aufzubrechen, das ganze Vorhaben erschien mir so geringfügig für einen ganzen Nachmittag. Ich war auf magere Ausbeute gefasst – ich würde quer über die großen Felder laufen, einen Blick in Beck Stow's Swamp werfen und dann, kaum reicher als zuvor, meinen Rückweg antreten. Ich hatte tatsächlich keine großen Erwartungen, was diesen Spaziergang anging, und trotzdem hatte ich irgendwo im Hinterkopf den Gedanken, dass es womöglich gerade wegen dieser geringen Erwartungen etwas Gutes bringen würde, zumal das Ganze noch den Vorzug hatte, dass es hier um die Erfüllung eines wenn auch noch so geringen Zwecks ging, wozu Bedacht und kluge Voraussicht die Schritte lenken und kontrollieren würden wie im Haus. Wenn man wirklich abseits der Straße und des tagtäglichen Lebens der Menschen stehen will, muss man seinen Weg mit Bedacht geplant haben, man muss ein Anliegen haben, das nicht das der Nachbarn ist und welches diese nicht verstehen können. Denn nur die Beschäftigung, in die man sich wirklich vertieft, bringt voran, hat Erfolg, gewinnt Raum und Boden, bestimmt die Zukunft von Einzelnen und Staaten, vertreibt dein Hirngespinst Kansas und belegt dafür real und auf Dauer das einzig wünschenswerte und freie Kansas gegen alle Grenzlandschurken mit Beschlag. Widerstand als Haltung ist Schwäche, weil sie sich nur dem Feind entgegenstellt und unterdessen allem Schönen den Rücken zuwendet. Du hast deine Angelegenheiten, ich habe meine, du wirst den Nachmittag damit verbringen, den Ofen deines Nachbarn zu setzen und bekommst deinen Lohn dafür, ich werde ihn damit zubringen, die wenigen von der Natur hier hervorgebrachten Beeren der *Vaccinium oxycoccus* zu sammeln, bevor es zu spät ist, und ich erhalte auch meinen Lohn dafür, doch in anderer Währung. Ich habe immer unerwarteten und unberechenbaren Gewinn geerntet, wenn ich, unter Umständen auch mit Verspätung, meiner Eingebung folgend jede noch so kleine Unternehmung ausgeführt habe, die mir intuitiv als notwendig erschien, als ein Schritt, der vielleicht nur ganz geringfügig und dennoch eindeutig den ausgetretenen Pfad der Gewohnheit verließ.

Wie viele Schulen habe ich besuchen wollen, und habe es doch nie getan, weil ich törichterweise erwartete, ein größerer Vorteil (oder eine größere Lehre) würde mir von selbst zufallen! Dabei sind es diese verhältnismäßig billigen und privaten Erkundungen und Unternehmungen, die unsere Existenz untermauern und unser Leben stählen. Es ist wie mit der Weinranke, die da, wo sie auf ihrem gewundenen Weg die Erde berührt, Wurzeln schlägt und ihren Stamm stärkt. Unsere Beschäftigungen bestehen vornehmlich aus Herumwurschteleien, aus Versuchen, den verbeulten Teekessel der Gesellschaft zu flicken. Unser Handwerkszeug ist Lötzinn. Meine Eingebung sagt mir, dass es besser für mich ist, heute Nachmittag in die Preiselbeeren zu gehen, um auf Gowing's Moor *Vaccinium oxycoccus* zu pflücken, auch wenn es nur eine Jackentasche voll ist, und das besondere Aroma dieser Beeren zu erfahren – und das Aroma von Gowing's Moor und vom Leben in Neuengland obendrein – als in Liverpool Konsul zu sein und wer weiß wie viele tausend Dollar dafür zu bekommen – doch kein Aroma. Anstatt sich müßig wartend leeren Hoffnungen hinzugeben, sollten wir Tag um Tag damit verbringen, bedachtsam und getreulich die tausend kleinen Ziele zu verfolgen, die der

Geist einem jeden von uns eingibt. Kein Leben sollte ganz ohne Ziel sein, und sei es auch nur die Erkundung des Aromas einer Preiselbeere, denn es wird nicht nur die Eigenart einer unbedeutenden Beere sein, die man so erfährt, sondern auch das Aroma des eigenen Lebens, und das wird eine Würze sein, die kein Reichtum der Welt kaufen kann.

Das bewusste Leben ist ebenso gut wie das unbewusste, keines von beiden ist für sich alleine gut, denn beide haben denselben Ursprung. Das mit Bedacht bewusste Leben entspringt einer unbewussten Eingebung. Ich habe meinen Nutzen aus Reisen gezogen, indem ich im Voraus eine Liste von Fragen erstellt habe, auf die ich eine Antwort finden wollte, weil ich meinen Interessen des jeweiligen Moments nicht traute, und so kann ich den größten Gewinn aus Reisen ziehen. In der Tat kann man dann, wenn man den Eingebungen eines höheren Lichts im eigenen Innern folgt, aus sich heraustreten und auf diesem Wege, sozusagen aus den unverbrauchten Winkeln des eigenen Auges blickend, ganz andere Wege beschreiten. Was ist das für ein unechtes Leben, das keinen Anspruch erhebt, keinen Boden gewinnt, das keine feste Brücke zu seinen Zielen schlagen kann? Das auf einer Bank am Rande eines Moors sitzt und nur das Lied seiner Wünsche singt?

Solche hohen Erwartungen allerdings hatte ich gar nicht, als ich aufs Moor kam. Ich sah Netze voll Preiselbeeren, frisch gepflückt und gebündelt, gleich am Rand von Beck Stow's Moor. Jemand hatte sie wohl mit dem Raffel aus dem hochgestiegenen Wasser gefischt, damit sie nicht faulten. Ich ließ meine Strümpfe und Schuhe auf einer abgelegenen Böschung zurück und watete lange barfuß durch hartstieligen Sumpfrosmarin und anderes Heidekrautgebüsch, bis ich in die weiche offene torfige Mitte des Moors gelangte.

Da fand ich die listigen kleinen Preiselbeeren, die schön im Trocknen auf den festen oberen Schichten des Torfmooses lagen, die schwachen Triebe stark zu einer Seite geneigt. An den trockenen Rändern des Moors wuchsen sie spärlich, ein Stück weiter, in kleinen Senken zwischen zwei Torfhügeln, in dichteren Büscheln. Den Früchten nach zu urteilen waren es zwei Sorten. Die eine, offenbar die reifere, war farblich der Gemeinen Preiselbeere ähnlicher, ein wenig scharlachroter, ansonsten gelblichgrün, gefleckt oder scharlachrot getupft, vorwiegend birnenförmig. Die andere, ebenfalls birnenförmig, aber auch stärker bauchig in der Mitte, mit größeren und feineren dunklen Tupfen und Sprenkeln auf gelblich-grünem oder strohgelbem oder perlweißem Grund – fast genau wie die Beeren der *Smilacina* oder *Convallaria* um diese Zeit, nur etwas größer und nicht so kugelförmig und mit einem Hauch Lila. Ein singulärer Unterschied. Beide Sorten lagen tief ins Moos gebettet, oft war der lange Stängel (eineinhalb Zoll oder mehr) im Moos verborgen, die Triebe ganz unauffällig, so dass man nur schwer sagen konnte, welche Beeren zu welchem Trieb gehörten; um das festzustellen, musste man das Moos behutsam mit zwei Fingern teilen. Die Gemeine Preiselbeere mit ihren steifen, gerade aufgerichteten Trieben hingegen hing meistens über dem Torf. Die grau gescheckte Sorte war besonders hübsch und ungewohnt, allerdings nicht einfach zu finden. Hier und da lag sie tief im Torf verborgen – farblich dessen trockeneren Stellen ganz ähnlich – wie die Eier eines

Sumpfvogels im Nest. Ich musste mit dem Finger den schmalen Stängel durch das Torfmoos bis zum Trieb verfolgen, um
dann das ganze Büschel zu pflücken, dessen Beeren wie Edel-
steine auf dieser torfigen Brust des Moors lagen – Sumpfper-
len könnte man sie nennen, jeweils ein oder zwei an einem
Trieb und im Durchschnitt drei Achtel Zoll im Durchmesser.
An ihren langen fadenartigen Stängeln liegen sie so weit von
den Trieben entfernt, dass sie beinah wie Eier wirken, und
wäre es Mai, könnte ich sie auch für Eier halten. Es sind fast
parasitäre Pflanzen, die ganz und gar im Torf eingebettet sind,
mehr im Wasser als an der Luft. Der Torf ist wie eine lebendige
Erde für sie. Die Pflanze ruht auf und zwischen den Flächen
aus Torfschwamm. Diese Sorte ist offensichtlich früher reif
als die Gemeine Preiselbeere. Einzelne Beeren sind eher weich
und rötlich-lila. Ich watete eine gute Stunde im Moor umher,
die nackten Füße im kalten Wasser, und ich genoss es, wenn
ich mich auf den wärmeren Torf stellen konnte. Ich füllte die
Jackentaschen mit je einer der beiden Sorten, brachte sie allerdings manchmal durcheinander, streckte die Hände über-
kreuz und gab die Beeren in die falsche Tasche.

Dieses Preiselbeersammeln machte mir trotz Kälte und Nässe großes Vergnügen, und ich hatte das Gefühl, als schenke der
Sumpf seinen gesamten Ertrag nur mir, denn außer mir würde
niemand hierher kommen, um sie zu pflücken oder zu kosten.
Ich habe dem Besitzer dieses Stücks Land zwar längst von den
Beeren hier berichtet, doch da er weiß, dass der Ertrag für den
Verkauf auf dem Markt zu gering ist, hat er wahrscheinlich keinen Gedanken mehr darauf verschwendet. Ich bin der Einzige
im ganzen Bezirk, der den Beeren Beachtung schenkt und von

ihnen weiß, und mich interessieren sie nicht ihres Geldwertes wegen. Wie ich dort mit meinen beiden Jackentaschen voller Beeren umherwatete und mit jedem Schritt auf weitere Wunder stieß, fühlte ich mich sicher reicher, als jeder Bauer, der mit hundert von ihm oder in seinem Auftrag geraffelten Scheffeln zum Markt fährt. Mit jedem Schritt entfernte ich mich weiter von der Stadt, mein guter Geist musste mich hierher geführt haben, und schließlich kam auch die Sonne hell und strahlend hinter den Wolken hervor; meine Füße machte sie allerdings nicht warm. Liebend gern würde ich meinen Ertrag teilen, einen oder zwanzig Teilhaber finden und dieses Moor mit ihnen zusammen erwerben, doch ich kenne keinen, den diese Beere so nährt und erfreut wie mich. Wenn ich sie anderen zeige, sehe ich flüchtiges Interesse, das jedoch sogleich wieder schwindet, weil man sie nicht gewinnbringend anbauen kann. Bei einem Raffelzug würde man kaum einen halben Liter bekommen, und Slocum würde nicht viel dafür zahlen. Doch aus eben diesem Grund sind mir die Beeren besonders lieb. Ich fülle einen Korb und behalte ihn mehrere Tage in meiner Nähe. Wenn irgendein anderer – ein Bauer zumindest – eine Stunde barfuß in diesem abgelegenen Moor herumwaten würde, den Blick auf den Torf geheftet, nur um sich die Jackentaschen zu füllen, ohne Raffel in der Hand und ohne Beutel oder Scheffel am Rand, dann würde man ihn für verrückt erklären und ihm einen Vormund bestellen; doch wenn er seine Zeit damit verbringt, seine Milch zu entrahmen und mit Wasser zu versetzen oder seine kleinen Kartoffeln als dicke zu verkaufen, und sich ganz allgemein geizkrägerisch zu verhalten, dann wird man eher ihn zum Vormund über einen anderen bestellen. Ich habe weder Roggen noch Hafer eingefahren, aber ich habe den wilden Wein von Assabet eingebracht.

Ich sehe, dass sich hier nicht nur kultivierte Äcker und Haine befinden. In Middlesex County gibt es ganze Morgen Land, die heute noch so rein ursprünglich und wild sind wie vor tausend Jahren und von Pflug, Axt, Sense und Preiselbeerraffel verschont geblieben sind – kleine Oasen der Wildheit in der Wüste unserer Zivilisation, wild wie ein Stück Boden auf dem Mond, vorausgesetzt dieser ist nicht bewohnt. ... Ich liebe diese Flecken Erde wie etwas Jungfräuliches. Sie sind Meteoriten, Gesteinsbrocken aus dem All, und solche Materie ist zu allen Zeiten verehrt worden. Ja, wenn wir uns aus dem Morast und der trüben Schicht erheben, die das Gewohnheitsleben über alles breitet, dann erkennen wir die ganze Erdkugel als einen solchen Gesteinsbrocken im All und erweisen ihm unsere Ehre. Wie kommt es, dass wir die Steine verehren, die von anderen Planeten fallen, aber nicht die Steine, die zu unserem hier gehören? Ein anderes solches Gestirn soll der Himmel sein und keine Erde? Sind nicht die Steine in Hodges Mauer genauso gut wie der Meteorit von Mekka? Ist unsere breite Schwelle in der Hintertür nicht ebenso gut wie jeder Eckstein im Himmel?

Es wäre wie eine Neugeburt der Menschheit, wenn diese sich dazu aufschwingen könnte, Stöcke und Steine zu verehren. Die heidnische Götzenanbetung ist doch nur die Frucht von Angst, Unfreiheit und Gewohnheit. Solche Götzenanbeter gibt es in allen Ländern genug, Heiden segeln übers Meer, um Heiden zu bekehren, Tote, um Tote zu begraben, und alle fahren zusammen in die Grube. Wenn ich könnte, würde ich meine abgeschnittenen Fingernägel auf dem Altar verehren. Wenn derjenige, der zwei Grashalme wachsen lässt, wo vorher einer war, als Segenspender gilt, muss derjenige, der zwei Götter entdeckt, wo vorher nur einer war (und was für einer!), ein noch größerer Segenspender sein. Ich würde jede Gelegenheit zu Staunen und Verehrung willkommen heißen, so wie die Sonnenblume das Licht begrüßt. Je mehr staunenswerte, wunderbare, göttliche Dinge ich im Laufe eines Tages sehe, desto weiter wird mein Geist und desto unsterblicher werde ich. Wenn ein Stein mich anspricht und begeistert, mir sagt, wie viele Meilen ich gewandert bin, wie viele ich noch zu reisen habe – je mehr, desto besser – und so in gewisser Weise die Zukunft offenbart, dann ist das ein Anlass zu meiner ganz privaten Freude. Wenn er allen diesen Dienst erweisen würde, könnte es ein Anlass zu öffentlicher, allgemeiner Freude sein.

Wenn der Botaniker von wilden Beeren oder Pflanzen spricht, verweist er auf Gegenden, die weiter im Inland oder soundso viele Meilen westlich von Boston liegen, als ob die Natur und die Indianer solche Vorzugskategorien gehabt hätten. Vielleicht fanden die Indianer das Meer viel wilder als die Wälder. Als wäre ein Stück Land im Westen von Wesen und Natur aus wilder als im Osten!

So viele Pflanzen – einheimische ebenso wie die verblüffende Vielfalt der Exoten – kann man in Gewächshäusern und Züchterkatalogen sehen und in englischen Büchern beschrieben finden, obwohl die Royal Society keine einzige davon gemacht hat und nicht mehr über sie weiß als du und ich! Alles auf dieser Erde ist wahrhaft einheimisch und wild. Ich kenne kein Merkmal, das eine eingeführte Pflanze als solche kennzeichnet, und nur ein Gärtner kann sagen, ob sich eine Blume von ihrem angestammten Boden an einen anderen Ort verirrt hat. Wo der Samen keimt und wo die Pflanze sprießt und gedeiht, da ist sie zu Hause.

Wilde Äpfel

Die Geschichte des Apfelbaums ist auf bemerkenswerte Weise mit der des Menschen verknüpft. Die Geologie sagt uns, dass die Gattung der *Rosaceae,* zu denen auch der Apfel gehört, sowie die Süßgräser und die *Labiatae,* die Minzgewächse, nur wenig früher als der Mensch auf der Erde erschienen.

Anscheinend gehörten Äpfel zu den Nahrungsmitteln des Urvolks, dessen Spuren kürzlich am Grund der Schweizer Seen entdeckt wurden, Spuren, die älter sind als die Gründungssteine Roms, sie stammen aus einer Zeit, als die Menschen noch keine Metallwerkzeuge hatten. Ein gänzlich schwarzer und verschrumpelter Holzapfel konnte noch aus ihren Vorräten geborgen werden.

Tacitus schreibt von den alten Germanen, dass sie ihren Hunger unter anderem mit wilden Äpfeln (*agrestia poma*) stillten.

Niebuhr bemerkt, dass die Wörter für Haus, Feld, Pflug, Pflügen, Wein, Öl, Milch, Schafe, Äpfel und andere Dinge der Landwirtschaft und der sanfteren Lebensart in Latein und Griechisch übereinstimmen, während die lateinischen Wörter, die sich auf Krieg und Jagd beziehen, von den griechischen ganz verschieden seien. Somit kann der Apfelbaum genauso wie der Olivenzweig als ein Symbol des Friedens erachtet werden.

Der Apfel war schon früh so wichtig und gegenwärtig, dass sein Name in seiner ursprünglichen Form in vielen Sprachen die Bezeichnung für Frucht schlechthin ist. … Das griechische Wort ›και μηλεαι αγλαοκαρποι‹ bedeutet Apfel, aber auch andere Baumfrüchte sowie Schafe und anderes Vieh und schließlich Reichtümer allgemein.

Der Apfelbaum wurde von den Hebräern, Griechen, Römern und Skandinaviern verehrt. Manche waren der Meinung, das erste Menschenpaar sei mit dieser Frucht in Versuchung geführt worden. Göttinnen haben der Sage nach um einen Apfel gewetteifert, Drachen wurden bestellt, über sie zu wachen, und Helden wurden beauftragt, sie zu pflücken.

Der Apfelbaum wird an mindestens drei Stellen im Alten Testament erwähnt, und seine Frucht an zwei oder drei weiteren. »Wie der Apfelbaum unter den Bäumen des Waldes, so mein Trauter unter den Jünglingen«, singt Salomon. Und dann: »Stärkt mich mit Krügen Wein, labet mich mit Äpfeln«. Der edelste Teil des edelsten Merkmals des Menschen ist nach dieser Frucht benannt: der Augapfel.

Auch bei Homer und Herodot findet der Apfel Erwähnung. Im herrlichen Garten des Alcinois sah Odysseus »Birnen und Granatäpfel und Apfelbäume, die prächtige Früchte trugen«. Bei Homer gehören die Äpfel zu den Früchten, die Tantalus nicht pflücken konnte, weil der Wind so stark wehte, dass sich die Äste immer wieder von ihm weg bogen.

In der germanischen Sage *Edda* bewahrt Iduna in einer Kiste Äpfel auf, die die Götter, die das Alter nahen fühlen, nur zu kosten brauchen, um sich wieder jung zu fühlen. So erleben sie immer wieder eine erneute Jugend bis Ragnarök, dem Tag der Zerstörung der Götter.

Der Apfelbaum gedeiht vornehmlich in den gemäßigten Zonen der nördlichen Halbkugel. Loudon zufolge »wächst der Apfelbaum von selbst in jedem Teil Europas außer in sengend heißen Gegenden, sowie in Westasien, China und Japan.« Auch in Nordamerika haben wir zwei oder drei einheimische Sorten. Die ersten Siedler haben den gezüchteten Apfelbaum eingeführt, und dieser gedeiht hier angeblich ebenso gut oder besser als andernorts. Wahrscheinlich wurden einige der Sorten, die jetzt in Britannien angebaut werden, ursprünglich von den Römern dorthin mitgebracht.

Plinius schreibt in Anlehnung an eine von Theophrastus vorgenommene Unterscheidung: »Unter den Bäumen gibt es solche, die ganz wild sind (*sylverstres*) und solche, die zivilisierter sind (*urbaniores*).« Theophrastus zählt den Apfel zu letzteren, und in der Tat ist es in gewissem Sinne der zivilisierteste Baum überhaupt. Er ist arglos wie eine Taube, schön wie eine Rose und so wertvoll wie Viehherden. Er wird seit längerer Zeit kultiviert als jeder andere Baum und ist dadurch geradezu vermenschlicht; wer weiß, am Ende mag es sein wie beim Haushund, und die Spur des Apfelbaums wird sich gar nicht mehr auf einen wilden Ursprungsbaum zurückverfolgen lassen. Der Apfelbaum wandert mit dem Menschen wie Hund und Pferd und Vieh. Zuerst kam er vielleicht von Griechenland nach Italien, von dort nach England, dann nach Amerika, und

unser Westauswanderer schreitet immer noch unverändert
der untergehenden Sonne entgegen und trägt dabei die Samen
des Apfelbaums in der Tasche oder ein paar junge Setzlinge
auf sein Gepäck geschnallt. So werden in diesem Jahr mindestens eine Million Apfelbäume weiter westlich gesetzt als
kultivierte Apfelbäume bisher gediehen sind. Die Blütenwo-
che* wird somit wie der Sabbat mit jedem Jahr auf den Prärien weitere Verbreitung finden, denn wenn der Mensch auf
Wanderschaft geht, nimmt er nicht nur seine Vögel, Vierbeiner,
Insekten, Gemüse und selbst seinen Rasen mit, sondern auch
seinen Obstgarten.

Die Blätter und zarten Zweige des Apfelbaums sind ein be-
liebtes Futter bei vielen Haustieren wie Kuh, Pferd, Schaf und
Ziege; die Frucht wird von Rindern ebenso gern gegessen wie
von Hausschweinen. Das legt den Gedanken nahe, dass es von
Anfang an ein natürliches Bündnis zwischen den Tieren und
diesem Baum gegeben hat.

Nicht nur der Indianer, sondern auch viele einheimische
Insekten, Vögel und Vierbeiner haben die Ankunft des Apfelbaums in den hiesigen Breiten begrüßt. Die Ringelspinner-
raupe hat ihre Eier auf dem ersten Zweig abgelegt, der hier
gesprossen ist, und seither teilen sich Wildkirsche und Apfel
ihre Zuneigung. Auch manche Blattspannerraupe hat die Ul-
men verlassen, um sich am Apfelbaum zu ernähren. Die Apfelbäume wuchsen und vermehrten sich, und bald kamen
Rotkehlhüttensänger, Rotkehlchen, Rubin- und Königstyrann
und viele mehr, bauten ihre Nester und trällerten in ihren
Zweigen und wurden damit Obstgartenvögel und vermehrten
sich schneller als je zuvor. Es war eine Art Zeitenwandel in der

Geschichte dieser Vogelarten. Der Dunenspecht fand unter der Apfelbaumrinde solche Leckerbissen, dass er – meines Wissens zum ersten Mal – um den ganzen Baum einen Ring in die Rinde hackte, bevor er weiterflog. Der Fasan brauchte nicht lange, um festzustellen, wie süß die Knospen waren, und seitdem fliegt er jeden Winter, sehr zu der Bauern Verdruss, aus dem Wald herbei, um sie abzureißen. Auch das Kaninchen brauchte nicht lange, um zu lernen, wie gut seine Zweige und Rinde schmecken, und wenn die Früchte reiften, brachte das Eichhörnchen sie halb rollend, halb tragend zu seinem Bau. Sogar die Moschusratte kam abends vom Bachufer die Böschung hinaufgekrochen, ebnete sich einen Pfad durch das Gras und verschlang gierig die Früchte. Wenn die Äpfel gefroren und wieder aufgetaut waren, kosteten auch Krähe und Eichelhäher gerne davon. Die Eule kroch in den ersten Apfelbaum, der eine Höhlung hatte und johlte vor Freude, weil ihr dieser Platz so gut gefiel. Sie ließ sich darin nieder und hat den Ort seither nicht mehr verlassen.

Die Blüten des Apfelbaums sind vielleicht die schönsten überhaupt, so dicht und herrlich anzusehen und wunderbar im Duft. Der Wanderer will immer wieder umdrehen und bei einem besonders schönen Baum verweilen, dessen Blüten sich fast geöffnet haben. Wie viel schöner ist er in dieser Hinsicht als der Birnbaum, dessen Blüten weder Farbe noch Duft haben.

Die Frühäpfel werden um den ersten August reif, doch ihr Geschmack ist lange nicht so gut wie ihr Geruch. Ein einziger Apfel kann ein Taschentuch mit mehr Duft tränken, als jedes käufliche Parfum im Laden. Es gibt Früchte, deren Duft so unverzichtbar ist wie der von Blumen. Ein knubbliger Apfel, den ich am Straßenrand auflese, bringt mir mit seinem Duft den ganzen Reichtum von Pomona zu Bewusstsein und lässt mich schon die Tage ahnen, wenn die Früchte in Obstgärten und um die Apfelweinpressen zu goldenen und hellroten Hügeln aufgehäuft liegen werden.

Ein oder zwei Wochen später wandert man an Obstplantagen oder Gärten entlang durch kleine Inseln, die – vor allem abends – ganz vom Duft reifer Äpfel erfüllt sind, und so kommt man in ihren Genuss, ohne dafür bezahlen und ohne stehlen zu müssen.

Alle Erzeugnisse der Natur haben diese flüchtigen, immateriellen Eigenschaften, die ihren höchsten Wert darstellen und nicht durch Kauf und Verkauf gemeingemacht werden können. Kein Sterblicher hat je den vollendeten Geschmack irgendeiner Frucht geschmeckt, und nur die nahezu Göttlichen bekommen eine Ahnung von diesen, dem Göttertrank ähnlichen Eigenschaften. Denn Nektar und Ambrosia sind nichts als diese feinsten Geschmacksnuancen jeder irdischen Frucht, die unsere groben Gaumen nicht wahrnehmen können – so wie wir auch den Himmel der Götter bewohnen, ohne es zu wissen. Wenn ich einen besonders geizigen Mann sehe, der eine Ladung feiner, duftender Äpfel zu Markte bringt, habe ich immer das Gefühl, Zeuge eines Widerstreits zu sein, in dem er und sein Pferd auf der einen und die Äpfel auf der anderen Seite stehen, und in meinen Augen sind es immer die Äpfel, die gewinnen. Plinius sagt, es gebe nichts Schwereres als Äpfel, und die Ochsen würden schon beim bloßen Anblick einer Apfelladung ins Schwitzen geraten. Unser Fahrer beginnt, seine Ladung zu verlieren, sobald er versucht, sie an einen Ort zu bringen, wo sie nicht hingehören, also an einen anderen als den schönstmöglichen Ort. Er steigt zwar immer wieder ab, betastet seine Last und meint, dass alle noch da sind, doch ich sehe ihre flüchtigen und göttlichen Eigenschaften von seinem Karren zum Himmel aufsteigen, während nur Fruchtfleisch, Schale und Gehäuse zu Markte fahren. Es sind keine Äpfel mehr, nur noch Trester. Sind das nicht immer noch Idunas Äpfel, deren Geschmack die Götter ewig jung hält? Und meint einer, dass sie zulassen, dass Loki oder Thjassi sie nach Jötunheim tragen, während sie runzlig und grau werden? Nein, denn noch ist es nicht zu Ragnarök, der Zerstörung der Götter, gekommen.

Ende August oder im September wird der Ertrag der Bäume ausgedünnt, der Boden ist mit Fallobst übersät, vor allem nach starkem Wind, der auf Regen folgt. In manchen Obstgärten liegen gut drei Viertel der Ernte auf dem Boden, kreisförmig unter den Bäumen ausgestreut, oder bis an den Fuß des Hangs gerollt, obwohl sie noch hart und grün sind. Doch das ist ein schlechter Wind, der niemandem etwas Gutes herbeiweht, und jetzt sind überall auf dem Land die Leute dabei, Streuobst aufzusammeln, was den Apfelkuchen billig macht.

Wenn im Oktober die Blätter fallen, treten die Äpfel an den Bäumen deutlicher hervor. Einmal stieß ich in einer Nachbarstadt auf Bäume, die mehr Früchte trugen als ich mich je erinnern konnte gesehen zu haben, kleine gelbe Äpfel, die über die Straße hinab hingen. Die Zweige bogen sich unter dem Gewicht anmutig nach unten wie ein Berberitzenbusch, was dem ganzen Baum ein anderes Ansehen gab. Sogar die obersten Zweige reckten sich nicht in die Höhe, sondern strebten gebogen in alle Richtungen auseinander, und so viele Stangen waren zum Abstützen der unteren Äste aufgestellt, dass es wie ein Bild von einem Banyanbaum aussah. Wie eine altenglische Weisheit sagt: »Je mehr Äpfel der Baum trägt, desto tiefer neigt er sich zu den Menschen.«

Der Apfel ist zweifellos die edelste Frucht von allen. Die Schönsten oder die Flinkesten sollen sie bekommen. Das sollte der ›Handelspreis‹ von Äpfeln sein.

Zwischen dem fünften und zwanzigsten Oktober sehe ich überall Fässer unter den Bäumen liegen. Und vielleicht komme ich mit jemandem ins Gespräch, der für einen Auftraggeber Fässer mit erlesenen Früchten aussucht. Er dreht jeden fleckigen Apfel viele Male in der Hand, bevor er ihn aussortiert. Wenn ich meine Meinung offen äußern sollte, würde ich sagen, dass jeder Apfel, den er angefasst hat, fleckig ist, denn er reibt den ganzen Flaum ab, und die flüchtigen ätherischen Essenzen schwinden. Die kühlen Abende treiben die Bauern zur Eile an, und schließlich sehe ich nur noch die Leitern, die man hier und da an die Bäume gelehnt stehen gelassen hat.

...

Soviel zu den zivilisierteren Apfelbäumen (*urbaniores,* wie Plinius sie nennt). Ich gehe lieber durch einen alten Obstgarten unveredelter Apfelbäume, und zwar zu jeder Jahreszeit. Da sind sie so unregelmäßig gepflanzt, dass manchmal zwei Bäume ganz dicht beieinander stehen, und die Reihen so krumm, dass man meinen möchte, sie wären nicht nur gewachsen, während der Besitzer schlief, sondern seien auch von ihm im Schlaf gesetzt worden. Die geraden Reihen veredelter Obstbäume verleiten mich nie zu so ziellosem Spazieren. Leider spreche ich mit diesen Worten vor allem aus der Erinnerung, denn vieles ist Kahlschlägen zum Opfer gefallen.

Manche Böden, wie zum Beispiel ein steiniges Gelände namens Easterbrooks County hier in meiner Nähe, sind dem Apfelbaum so zuträglich, dass er dort ohne jede Pflege, oder höchstens mit jährlichem Auflockern der Erde, schneller gedeiht als in einer anderen Gegend unter der intensivsten Fürsorge. Die Besitzer dieses Streifens räumen ein, dass der Boden in der Tat für den Obstbau hervorragend geeignet ist, doch sagen sie auch, dass er so steinig ist, dass ihnen zum Pflügen die Geduld fehlt, und das ist – neben der Entfernung – der Grund, warum dort nichts angebaut wird. Bis vor kurzem erstreckten sich dort ausgedehnte Obstgärten ohne jede Ordnung. Ja, die Bäume sprießen dort sogar in der Wildnis und tragen Früchte zwischen Ahorn, Fichten, Birken und Eichen. Oft überraschen mich die gerundeten Kronen der Apfelbäume mit ihren leuchtend roten oder gelben Früchten, die so gut zu den herbstlichen Tönen des Waldes passen.

Beim Aufstieg längs eines Felsenabhangs sah ich am ersten November einen kräftigen jungen Apfelbaum, der von Kühen oder Krähen gesät, zwischen Felsen und offenem Wald dort in die Höhe geschossen war und nun voller Früchte hing, denen der Frost nichts hatte anhaben können, während alle gezüchteten Äpfel schon geerntet waren. Es war ein wildes, wucherndes Gewächs, das noch viel grünes Laub trug und wie dornig wirkte. Die Früchte sahen hart und grün aus, aber so, als würden sie im Winter gut schmecken. Manche Äpfel baumelten an den Zweigen, andere waren in dem feuchten Laub unter dem Baum begraben oder den Hügel hinunter in Felsspalten gerollt.

Der Besitzer hat keine Ahnung davon. Außer der Meise hat niemand seine erste Blüte bemerkt oder die ersten Früchte, die er trug. Niemand tanzte auf dem Gras darunter zu Ehren des Baums, und jetzt ist keine Hand da, die seine Früchte pflückt – nur Eichhörnchen nagen sie an, wie ich feststelle. Der Baum hat doppelt seine Pflicht getan – er hat nicht nur Ertrag gebracht, auch ist jeder Zweig gut ein paar Dutzend Zentimeter in die Höhe gewachsen. Und was für Früchte das sind! Größer als die meisten Beeren, das lässt sich nicht leugnen, und unter Dach und Fach gebracht werden sie ganz bleiben und im Frühling gut schmecken. Was gebe ich um Idunas Äpfel, wenn ich diese haben kann?

Jedes Mal, wenn ich an diesem Baum vorbeikomme, der so spät noch dem Wetter trotzt, und seine Früchte sehe, habe ich Respekt vor ihm und bin dankbar für die Fülle der Natur, auch wenn ich die Äpfel nicht essen werde. Hier, auf diesem rauen Waldeshang ist ein Apfelbaum gewachsen, nicht von Menschen gepflanzt, kein Überbleibsel eines ehemaligen Obstgartens, sondern ein Gewächs der Natur, wie die Fichten und Eichen. Die meisten Früchte, die wir genießen und schätzen, hängen ganz von unserer Fürsorge ab. Mais und Korn, Kartoffeln, Pfirsiche, Melonen und dergleichen, sie alle gedeihen nur, weil wir sie pflanzen, doch der Apfelbaum ahmt des Menschen Unabhängigkeit und Unternehmungslust nach. Er ist nicht nur in die Neue Welt gebracht worden, er ist auch, wie der Mensch, in die Neue Welt gewandert und findet sich sogar hier und da zwischen den alteingesessenen Bäumen zurecht, so, wie auch Ochse, Hund und Pferd zuweilen verwildern und sich selbst ernähren.

Auch der sauerste und holzigste Wildapfel an der unzugänglichsten Stelle ist eine edle Frucht, weil sein Anblick solche Gedanken weckt.

Dennoch, unser wilder Apfel ist wohl nur wild in dem Maße, wie ich selbst es bin, ich gehöre ja nicht zum eingeborenen Volk hier und habe mich nur als Abkömmling eines kultivierten Stammes in die Wälder verirrt. Wilder jedoch ist der *Malus coronaria*, ein hiesiger und eingeborener Holzapfel, dessen Natur noch nicht durch Zucht und Anbau verändert ist. Man findet ihn zwischen den westlichen Teilen New Yorks und Minnesota, doch auch weiter südlich. Michaux zufolge wird dieser Baum fünfzehn bis achtzehn Fuß, gelegentlich sogar fünfundzwanzig bis dreißig Fuß hoch, und die großen Bäume »ähneln in allem dem Gemeinen Apfelbaum«. Die Blüten sind weißrosa und stehen in Schirmrispen. Das Bemerkenswerte an ihnen ist der Duft. Die Frucht hat einen Durchmesser von etwa eineinhalb Zoll und schmeckt stark säurehaltig. Sie eignet sich aber gut für Süßspeisen und Apfelwein.

Erst im Mai 1861 sah ich einen solchen Holzapfelbaum zum ersten Mal. Zwar hatte ich bei Michaux darüber gelesen, doch moderneren Botanikern schien er, soviel ich weiß, kaum eine Erwähnung wert und war daher fast ein Fabelwesen für mich. Ich erwog eine Pilgerfahrt in die Glades in Pennsylvania, wo der Holzapfel besonders schön gedeihen soll. Ich überlegte auch, bei einer Baumschule ein Exemplar zu bestellen, bekam aber Zweifel, ob er erhältlich war und überhaupt von den europäischen Varianten unterschieden würde. Dann ergab sich die Gelegenheit zu einer Reise nach Minnesota, und sobald wir in Michigan waren, bemerkte ich aus dem fahrenden Zug einen Baum mit prächtigen rosa Blüten. Anfangs hielt ich es für eine Art Hagedorn, doch bald wurde mir klar, dass es sich hier um meinen lang gesuchten Holzapfel handelte. Um diese Jahreszeit – Mitte Mai – war es der häufigste Busch oder Baum, den man sah. Doch wenn der Zug hielt, war nie ein solcher Baum in der Nähe, und so gelangte ich bis an den Mississippi, ohne einen einzigen Holzapfelbaum berührt zu haben, was Tantalusqualen gleichkam. Bei meiner Ankunft in St. Anthony Falls erfuhr ich zu meinem Bedauern, dass es so weit im Norden keinen Holzapfel mehr gibt. Trotzdem stieß ich etwa acht Meilen westlich der Falls auf ein Exemplar, das ich anfassen und an dem ich riechen konnte, und es gelang mir auch einige noch blühende Schirmrispen für mein Herbarium zu ergattern. Das muss etwa die nördliche Grenze des Vorkommens dieses Baumes sein.

Doch auch wenn dieser Baum einheimisch ist wie die Indianer, bezweifle ich, dass er robuster ist als jene waldsiedlerischen Apfelbäume, die zwar von gezüchtetem Bestand abstammen, sich aber in fernen Wäldern und Feldern aussäen, wo der Boden günstig ist. Ich kenne keinen Baum, der sich gegen mehr Widrigkeiten behaupten muss und sich hartnäckiger gegen seine Feinde zur Wehr setzt. Das sind die Bäume, deren Geschichte wir erzählen sollen. Und die geht oft so:

Etwa Anfang Mai bemerken wir kleine Büschel dicht wachsender Apfelbaumschösslinge auf den Weiden, wo Vieh gestanden hat – zum Beispiel auf den steinigen

Weiden von unserer Gegend Easterbrooks County oder
dem Gipfel von Nobscot Hill in Sudbury. Ein oder zwei
dieser Schösslinge werden Wassermangel und andere
Unbilden überleben, und ihr Geburtsort verteidigt sie
anfangs natürlicherweise gegen überwucherndes Gras
und andere Gefahren.

> So konnte er im zweiten Jahr
>   groß und hoch schon werden
> Betrachtete von dort die Welt
>   ohne Furcht vor grasenden Herden.
> Doch in diesem Alter zart
>   die Leiden schon begannen
> Ein Ochse seines Weges kam
>   und kürzt' ihn um eine Spanne.

Beim ersten Mal bemerkt der Ochse den Schössling
vielleicht nicht im Gras, doch im nächsten Jahr, wenn
das Bäumchen kräftiger geworden ist, erkennt er in
ihm einen Mitauswanderer aus dem alten Land, Geschmack und Blätter sind ihm wohlbekannt. Obwohl
er anfangs innehält, um ihn zu begrüßen, seine Über-
raschung kundzutun, und zur Antwort zu hören: »Der-
selbe Grund, der dich hierher geführt hat, hat auch
mich gebracht«, weidet er immer wieder daran in der
Annahme, doch eine Art Anspruch darauf zu haben.

So wird der Baum Jahr um Jahr gestutzt, doch er
verzweifelt nicht daran, sondern streckt vielmehr für
jeden abgerissenen Zweig zwei neue kurze Zweige em-

por und dehnt sich so dicht am Boden der Mulden oder zwischen Felsen aus, wird stämmiger und struppiger und bildet schließlich eine kleine pyramidenförmige, steife, gezweigige Masse, die noch kein Baum ist, doch beinahe so fest und undurchdringlich wie ein Felsbrocken. Mit ihren dichten, störrischen Zweigen und auch Dornen gehören diese wilden Apfelgebüsche zu den festesten und undurchdringlichsten Ballungen von Strauchwerk, die ich je gesehen habe. Am ähnlichsten sind sie den gestrüppigen Berg- und Schwarzfichten, die man hoch im Gebirge unter den Füßen hat, auf Gipfeln, wo die Kälte der Dämon ist, mit dem sie zu kämpfen haben. Kein Wunder, dass sie sich schließlich veranlasst sehen, Dornen zu bilden, um sich gegen derartige Feinde zu wehren.

Die felsigen Weiden des erwähnten Geländes – denn auf felsigem Boden finden sie den besten Halt – sind dicht mit diesen kleinen Büscheln übersät, die oft an starre graue Moose oder Flechten erinnern, und dazwischen sieht man unzählige kleine Schösslinge, an denen noch der Kern haftet, aus dem sie gesprossen sind.

Da sie das ganze Jahr über von den Kühen ringsum wie eine Hecke mit der Schere gestutzt werden, haben sie oft eine ganz regelmäßige Kegel- oder Pyramidenform, ein bis vier Fuß hoch und mehr oder weniger kantig, als wären sie mit gärtnerischer Fertigkeit getrimmt. Auf den Weiden von Nobscot Hill und seinen Ausläufern werfen sie bei tiefstehender Sonne schöne dunkle Schatten. Sie bilden auch für viele kleine Vögel, die in ihnen nisten und brüten, eine ausgezeichnete Deckung vor Habichten. Nachts hocken ganze Schwärme darin, und in einem Busch von sechs Fuß Durchmesser habe ich drei Rotkehlchennester gefunden.

Bedenkt man die Zeit, die seit ihrer Aussaat verstrichen ist, sind es schon alte Bäume, doch hinsichtlich der Entwicklung und langen Lebenszeit, die sie noch vor sich haben, sind sie Kinder. An einigen Exemplaren von nur einem Fuß Höhe, die ebenso breit wie hoch waren, habe ich die Jahresringe gezählt und festgestellt, dass sie etwa zwölf Jahre alt waren, und dabei ganz gesund und gut gediehen. Sie waren so niedrig, dass sie kaum einem Spaziergänger auffallen würden, während viele ihrer Altersgenossen aus den Baumschulen schon beachtliche Erträge brachten. Doch Zeitgewinn geht auch in diesem Fall vielleicht mit einer Einbuße an Kraft oder Widerstandsfähigkeit einher. Beides liegt in der Pyramidenform.

Die Kühe weiden gut zwanzig Jahre immer wieder an den Büschen, halten sie gestutzt und zwingen sie, sich in die Breite auszudehnen, bis sie schließlich so ausladend sind, dass sie zu ihrem eigenen Zaun werden, während ein Trieb in der Mitte, den ihre Bedränger nicht erreichen können, freudig emporschießt – den Ruf in die Höhe hat der Baum noch nicht vergessen – und triumphierend seine besondere Frucht trägt.

Mit dieser Art Taktik besiegt der Baum schließlich seine weidenden Feinde. Wenn man nun das Wachstum eines bestimmten Buschs beobachtet hat, wird man feststellen, dass es keine einfache Kegel- oder Pyramidenform mehr ist, sondern dass sich aus der Spitze ein oder zwei Triebe emporstrecken, die womöglich kräftiger gedeihen als ein Baum im Obstgarten, da die Pflanze nun ihre ganze unterdrückte Kraft diesen aufrechten Trieben widmet. Es dauert nicht lange, und aus den Trieben wird ein kleiner Baum, eine umgedrehte Pyramide, die auf der Spitze der unteren ruht, so dass das ganze die Form einer riesigen Sanduhr bekommt. Der auswuchernde untere Teil hat nun seinen Zweck erfüllt und verschwindet allmählich, während der Baum großzügig den nunmehr ungefährlichen Rindern gestattet, in seinem Schatten zu stehen, sich an seinem Stamm zu reiben, der ihnen zum Trotz gewachsen ist, und sogar seine Früchte zu genießen und auf diese Weise seinen Samen zu verbreiten.

So schaffen sich die Kühe ihr eigenes Futter und Schatten, und der Baum, dessen Sanduhr umgedreht ist, lebt gleichsam ein zweites Leben.*

Für manche ist es heutzutage eine wichtige Frage, ob man junge Apfelbäume bis auf Augen- oder auf Nasenhöhe stutzen sollte. Der Ochse stutzt sie so weit, wie er mit dem Maul kommt, und ich glaube, das ist die richtige Höhe.

Wanderndem Vieh und anderen Widrigkeiten zum Trotz hat dieser missachtete Busch, den nur kleine Vögel als Schutz und Obdach vor Habichten schätzen, schließlich seine Woche der Blüte und dann auch seine Ernte, die zwar klein ist, aber echt.

Ende Oktober, wenn das Laub abgefallen ist, sehe ich zuweilen, wie ein solcher Trieb, dessen Wachstum ich eine Zeit lang beobachtet und dann vergessen hatte, seine Bestimmung nicht vergessen hat und seine ersten kleinen grünen, gelben oder rosigen Früchte trägt, die die Kühe wegen der buschigen Dornenhecke um den Stamm nicht erreichen können, und sogleich koste ich die neue, noch unbeschriebene Sorte. Wir haben alle von den zahlreichen Obstsorten gehört, die Van Mons und Knight erfunden haben. Das hier ist das System von Van Kuh, die mehr und denkwürdigere Sorten erfunden hat, als die beiden zusammen.

Was für Nöte muss der Baum durchstehen, um eine süße Frucht hervorbringen zu können! Diese ist zwar klein, doch mag im Geschmack der Gartenfrucht ebenbürtig wenn nicht sogar überlegen sein – vielleicht sind es sogar gerade die Schwierigkeiten, die sie zu überwinden hatte, die sie süßer und geschmackvoller machen. Wer weiß – diese wilde Zufallsfrucht, von einer Kuh oder einem Vogel an einem fernen Felsenhang gesät, wo sie von Menschen noch unbemerkt gedeiht, ist womöglich gar die edelste der ganzen Art, und ausländische Herrscher werden von ihr erfahren und königliche Gesellschaften sie zu verbreiten suchen, ohne dass man jemals von den Tugenden des vielleicht sauertöpfischen Eigentümers des Geländes hören wird – jedenfalls nicht jenseits der Grenzen seines Dorfes. So sind auch die Apfelsorten Porter und Baldwin gewachsen.

Jeder wilde Apfelbusch weckt in uns Erwartungen wie jedes wilde Kind. Vielleicht ist es ein unerkannter Prinz. Welch eine Lehre für den Menschen! So werden auch Menschenwesen, die

am höchsten Anspruch gemessen himmlische Früchte verheißen und zu tragen trachten, vom Schicksal gestutzt, und nur
der hartnäckigste und stärkste Geist verteidigt sich und hält
durch, bringt schließlich einen zarten Schössling hervor und
wirft seine vollkommene Frucht auf die undankbare Erde ab.
So sprießen Dichter, Philosophen und Staatsmänner aus länd-
lichen Weiden auf, um die Heerscharen unbedeutender Menschen zu überdauern.

So ist es immer mit dem Streben nach Wissen. Die himm-
lischen Früchte, die goldenen Äpfel der Hesperiden, werden
ständig von einem hundertköpfigen Drachen bewacht, der niemals schläft, und deshalb ist es immer eine Herkulesaufgabe,
sie zu pflücken.

Das ist eine – und die bemerkenswerteste – Weise, wie sich
der wilde Apfel verbreitet, doch hauptsächlich sprießt er in
großen Abständen in Wäldern, auf Mooren und am Wegesrand,
je nachdem, wo der Boden für ihn günstig ist, und wächst verhältnismäßig rasch. Die Apfelbäume in dichten Wäldern sind
sehr hoch und schlank. Die Früchte, die ich dort pflücke, sind
ganz mild und zahm. Der Boden ist übersät mit den Früchten
eines von sich aus gewachsenen Apfelbaums.

Seit jeher heißt es, dass diese wilden Bäume, deren eigene
Früchte nicht wertvoll sind, die besten Pfropfreiser liefern,
mit deren Hilfe die gepriesenen Eigenschaften anderer Bäume
an die Nachwelt überliefert werden. Doch ich bin nicht auf der
Suche nach Pfropfreisern, sondern der wilden Frucht selbst,
deren ungezähmter Geschmack noch keine ›Verweichung‹
durchgemacht hat.

Die beste Zeit für wilde Äpfel ist Ende Oktober bis Anfang November. Dann entfaltet sich ihr Aroma, denn sie reifen spät und haben um diese Zeit noch ihre ganze Schönheit. Ich halte viel von diesen Früchten, die die Bauern der Ernte nicht wert erachten, sie enthalten die ungebändigten Aromen der Muse, lebhaft und erweckend. Der Bauer meint, er hätte bessere in seinen Fässern, doch da irrt er sich, es sei denn, er hätte Phantasie und Appetit eines Wanderers, was er beides nicht besitzen kann.

Die Äpfel, die ganz wild wuchern und bis November an den Bäumen hängen, will der Besitzer vermutlich gar nicht ernten. Sie gehören den Kindern, die wild sind wie sie selbst – gewissen umtriebigen Jungen, die ich kenne – und den wildäugigen Frauen des Feldes, die nichts verschmähen, die alles sammeln, was sich bietet, und vor allem gehören sie uns Wanderern. Wir haben sie gefunden, und sie sind unser. Diese Rechte, über lange Zeit erstritten, sind in manchen alten Ländern, wo man zu leben gelernt hat, zu einer festen Einrichtung geworden.

Die Äpfel, die ich meine, pflücke ich als wilde Frucht, die in dieser Gegend der Welt einheimisch ist, Früchte der alten Bäume, die seit meiner Kindheit im Absterben begriffen sind und doch noch nicht gestorben sind, nur von Specht und Eichhörnchen bewohnt, inzwischen vom Besitzer im Stich gelassen, der ihnen nicht genug zutraut, um genauer unter ihre Äste zu schauen. Betrachtet man die Krone des Baumes aus einiger Entfernung, würde man höchstens erwarten, dass er Flechten abwirft, doch wer mit Zuversicht sucht, wird mit kräftigen Früchten belohnt, die den Boden unter dem Baum bedecken. Manche liegen vielleicht vor einem Eichhörnchenbau bereit und tragen Spuren der Tiere, die sie mit den Zähnen transportieren, in anderen mag eine Grille sitzen, die leise vor sich hin knabbert und manchmal – vor allem an feuchten Tagen – auch eine Nacktschnecke. Die Stöcke und Steine in der Baumkrone sind Zeugnis davon, wie begehrt die Früchte in den letzten Jahren gewesen sind.

Im Buch der *Früchte und Obstbäume Amerikas* sehe ich diese Äpfel nicht erwähnt, obwohl ihr Geschmack sich mir tiefer eingeprägt hat als die veredelten Sorten; ihre Geschmacksnoten sind feuriger, wilder-amerikanisch, auch wenn Oktober und November, Dezember und Januar und vielleicht sogar Februar und März sie etwas gemildert haben. Ein alter Bauer in meiner Nachbarschaft, der immer das richtige Wort findet, sagt, sie haben »eine Art von Pfeil-und-Bogen-Schärfe«.

Im November schmecken alle Äpfel gut. Diejenigen, die nach Meinung des Bauern für die Käufer auf dem Markt unattraktiv und nicht schmackhaft genug sind, sind bei den Wanderern am beliebtesten. Doch es ist bemerkenswerterweise so, dass der wilde Apfel, der beim Verzehr in Feld und Wald so kräftigend und markant ist, im Haus einen harten und beißenden Geschmack bekommt. Den Wandererapfel kann nicht einmal der Wanderer im Haus essen. Der Gaumen verschmäht ihn drinnen genauso wie Mehlbeeren und Eicheln, denn es fehlt die Novemberluft, die Sauce, die zu dieser Speise gehört. Ich pflücke oft Äpfel, die einen so vollen und würzigen Geschmack haben, dass ich mich frage, warum sich nicht alle Obstzüchter einen Sprössling von diesem Baum besorgen, und immer fülle ich mir die Taschen mit diesen Äpfeln und bringe sie nach Hause. Doch wenn ich dann einen aus der Schublade nehme, um

ihn in meiner Stube zu essen, finde ich ihn grob – so beißend
sauer, dass er die Zähne eines Eichhörnchens stumpf machen
und einen Eichelhäher aufschreien lassen würde. Diese Äpfel
haben in Wind und Frost und Regen gehangen, bis sie alle Eigenschaften des Wetters und der Jahreszeit in sich aufgenom-
men haben, sie sind wettergereift und ihre Intensität durch-
fährt uns. Entsprechend müssen sie im Wetter, also draußen,
gegessen werden.

Um das wilde, scharfe Aroma dieser Oktoberfrüchte zu genießen, muss man die scharfe Oktober- und Novemberluft
einatmen. Die Luft im Freien und die körperliche Bewegung
stimmen den Gaumen des Wanderers neu, und er verlangt
nach einer Frucht, die der Sitzende beißend und sauer nennen würde. Sie müssen draußen, auf freiem Feld gegessen
werden, wenn der ganze Körper von der Anstrengung glüht,
wenn Frostwetter in die Finger zwickt, der Wind die kahlen
Äste klappern und die letzten Blätter rascheln lässt und der
Schrei des Eichelhähers durch die Luft schneidet. Was im Haus
sauer ist, wird durch eine stramme Wanderung süß. Manche
Äpfel sollten die Aufschrift tragen: »Im Wind zu essen.«

Natürlich existiert keine Geschmacksnote vergeblich, für
jede gibt es einen Gaumen, der sie zu schätzen weiß. Es gibt
Äpfel, die zwei verschiedene Geschmacksnoten haben, vielleicht sollte man die eine Hälfte drinnen und die andere Hälfte
draußen verspeisen. Auf Nawshawtucket Hill in unserer Stadt
gibt es einen wilden Apfel, der eine ganz bestimmte bittere
Schärfe hat, die ich sehr mag. Sie macht sich allerdings erst
bemerkbar, wenn der Apfel schon zu drei Viertel verzehrt ist.
Der Geschmack hält sich auf der Zunge. Während man ihn isst,

riecht der Apfel genau so wie eine Randwanze. Es vermittelt ein gewisses Hochgefühl, ihn zu essen und sogar zu genießen.

Ich habe von einer Pflaume in der Provence gehört, die *prune sibarelle* genannt wird, weil sie so sauer ist, dass man nach ihrem Verzehr nicht pfeifen kann. Möglicherweise hat man sie nur im Sommer und drinnen verspeist, und wer weiß – hätte man sie draußen in scharfem Wind gegessen, vielleicht hätte man eine Oktave höher und reiner pfeifen können?

Nur im Freien kann man das Saure und Bittere der Natur schätzen. Es ist wie mit der Temperatur: An einem Wintermittag verzehrt der Holzfäller zufrieden seine Mahlzeit auf einer sonnenbeschienenen Lichtung, genießt die Sonnenstrahlen und träumt vom Sommer, in einer Kälte, an der ein Studierender in seiner Stube verzweifeln würde. Wer draußen arbeitet, friert nicht, das tun eher die, die bibbernd drinnen sitzen. Mit der Temperatur verhält es sich wie mit Aromen, mit heiß und kalt wie mit sauer und süß. Die natürliche Feurigkeit, Säuernis und Bitterkeit, die der kranke Gaumen verschmäht, sind die wahre Würze. Die Würze aber muss dem Zustand der eigenen Sinne entsprechen. Für den Genuss dieser wilden Äpfel braucht man starke, gesunde Sinne, Geschmackspapillen, die kräftig auf Zunge und Gaumen stehen und sich nicht so leicht zähmen und verflachen lassen.

Durch meine Erfahrung mit wilden Äpfeln kann ich verstehen, dass ein Wilder guten Grund zu einer Vorliebe für etliche Nahrungsmittel hat, die der Zivilisierte ablehnt. Er hat den Gaumen eines Menschen, der im Freien lebt. Nur mit einem wilden Geschmack kann man wilden Früchten etwas abgewinnen.

Und ebenso gibt es auch ein Denken für draußen, eines für

drinnen. Ich möchte, dass meine Gedanken wie wilde Äpfel
Nahrung für Wanderer sind und will nicht dafür geradestehen,
dass sie auch schmecken, wenn man sie im Haus kostet.

Fast alle wilden Äpfel sehen schön aus. Egal wie knotig, holzig und rostig sie sein mögen, sie bieten immer einen schönen
Anblick. Selbst die knotigsten Äpfel haben noch etwas, das die
Augen erfreut. Ein wenig abendliches Rot, das in kleinen Tupfen oder Streifen eine Ausbeulung oder Vertiefung überzieht.
Selten hinterlässt der Sommer einen Apfel, den er nicht wenigstens an einer Stelle mit Tupfen oder Streifen bedacht hat.
Ein paar rötliche Flecken wird ein Apfel haben, zum Gedenken
an die Abende und Morgen, deren Zeuge er geworden ist, ein
paar dunkle, rostfarbene Stellen in Erinnerung an die Wolken
und die nebligen, meltauigen Tage, die über ihn hinweggegan-
gen sind, und einen großen Teil Grün, der das allgemeine Gesicht der Natur widerspiegelt – grün wie die Felder – oder eine
gelbliche Grundierung, die Zeichen eines milderen Aromas
ist – gelb wie die Ernte oder gelblichrot wie die Hügel.

Ja, Äpfel, die ich meine, so unbeschreiblich schön und dennoch nicht so rar, dass nicht auch der Ärmste noch seinen Teil
haben könnte. Vom Frost gefärbt, manche von einem gleich-
mäßigen hellen, strahlenden Gelb oder Karminrot, als hätten
sie sich stetig gedreht, um den Einfluss der Sonne auf allen
Seiten gleichermaßen zu genießen; manche mit dem denkbar
zartesten Rosa überhaucht, manche rot gefleckt wie eine Kuh,
oder mit unzähligen dünnen blutroten Strahlen bedeckt, die
sich wie Meridiane auf strohgelbem Grund vom Stieltrichter
bis zur Blüte ziehen; manche hier und da mit grünlichem Rost

wie mit hauchdünnen Flechten bestäubt, mit tiefroten Flecken oder Augen, die in der Nässe funkelnd ineinander verfließen; andere wiederum knotig und sommersprossig oder auf der Stielseite mit winzigen roten Tüpfeln auf weißem Grund übersät, wie mit Tröpfchen, die der Große Färber der Herbstblätter versehentlich mit seinem Pinsel versprüht hat. Wieder andere sind im Innern mit einem rötlichen Hauch getränkt, Elfenspeise, die zu schön ist, um verzehrt zu werden – Apfel der Hesperiden, Apfel des Abendhimmels! Doch so wie man die Muscheln und Kiesel am Meeresstrand betrachten soll, muss man Äpfel in der Herbstluft sehen, im welkenden Laub einer Baumkrone auf einer Waldlichtung leuchtend oder im feuchten Gras liegend, und nicht erst drinnen im Haus, wenn sie blass und schrumplig geworden sind.

Es wäre ein netter Zeitvertreib, passende Namen für die unzähligen Sorten zu finden, die an der Apfelweinkelter alle auf einen Haufen geworfen werden. Würde das nicht die menschliche Erfindungsgabe herausfordern – keinen einzigen nach einem Mann zu benennen und alle in der Umgangssprache? Wer wird bei der Taufe der wilden Äpfel Pate stehen? Wir müssten Sonnenaufgang und Sonnenuntergang bitten, den Regenbogen und die Herbstwälder und die Wildblumen, den Waldspecht und den Blaufinken und das Eichhörnchen und den Eichelhäher und den Schmetterling, den Wanderer im November und den Schulschwänzer, damit sie uns helfen.

Im Jahre 1836 gab es im Garten der *London Horticultural Society* über vierzehnhundert Apfelsorten. Doch hier haben wir Arten, die sie nicht in ihrem Katalog haben, von den Sorten, die unser Holzapfel zur Kultivierung beisteuern kann, einmal ganz zu schweigen.

...

Da haben wir als Erstes den Waldapfel; den Eichelhäherapfel, der auf Lichtungen in Wäldern gedeiht, aber auch in Mulden und auf Weiden; den Apfel, der in einem alten Kellerloch wächst; den Wiesenapfel; den Fasanenapfel; den Schulschwänzerapfel, den sich jeder Junge vom Baum holen wird, egal wie spät es sein mag; den Herumstreunerapfel – man muss sich erst verirren, bevor man den Weg zu diesem findet; die Schönheit der Lüfte; den Iss-im-Dezember; den Gefroren-und-Aufgetaut, der nur in diesem Zustand schmeckt; den Concord-Apfel; den Assabet-Apfel; den Streifenapfel; Neuenglands Wein; den Meisenapfel; den Grünapfel, der noch viele andere Namen hat, und im unreifen Zustand auch Cholera- oder Durchfallapfel heißt; den Apfel, nach dem Atalanta sich bückte; den Heckenapfel; den Schneckenapfel; den Eisenbahnapfel, der möglicherweise von einem aus dem Zugfenster geworfenen Apfelgehäuse stammt; den Apfel, den wir in der Kindheit aßen; unseren Besondereren Apfel, der in keinem Katalog steht; auch den Apfel vom Baum mit der vergessenen Sense; Idunas Apfel; den Apfel, den Loki im Wald fand; und jede Menge weitere, die ich auf meiner Liste habe, doch es sind zu viele, um sie aufzuführen, und sie alle schmecken gut.

Mitte November etwa haben die wilden Äpfel etwas von ihrem Glanz verloren und sind fast alle abgefallen. Ein Großteil liegt verfault am Boden, doch die unbeschädigten schmecken jetzt besser als zuvor. Der Klang der Meise ertönt jetzt klarer, während man zwischen den alten Bäumen umherwandert, und der Herbstlöwenzahn hat sich schon halb geschlossen. Dennoch kann ein geschickter Sammler auch mit veredelten Früchten noch manche Jackentasche füllen, obwohl es angeblich um diese Zeit schon längst keine Äpfel mehr gibt. Ich kenne einen Blauparmänenbaum, der am Rande eines Moors wächst und so gut wie wild ist. Auf den ersten Blick würde man dort keine einzige Frucht mehr vermuten, doch man muss nur systematisch suchen. Die sichtbar herumliegenden Äpfel sind jetzt ganz faul und braun, höchstens zeigt der eine oder andere, der im nassen Laub liegt, noch die eine makellose Wange. Trotzdem suche ich mit geübtem Blick unter dem kahlen Holunder und den Heidelbeerbüschen, und dem welken Riedgras und in laubgefüllten Felsenspalten, und ich spähe unter die erschlafften, vermodernden Farne, die mit Apfelbaum- und Holunderblättern vermischt den Boden bedecken. Denn ich weiß, dass die Äpfel verborgen liegen, vor Wochen schon sind sie in Bodenvertiefungen gefallen, wo das Laub ihres Baums sie jetzt bedeckt – genau die richtige Art der Verpackung. Aus diesen Verstecken im Umkreis des Baumes ziehe ich die Äpfel, nass und glänzend, manche vielleicht von Kaninchen angenagt und von Grillen ausgehöhlt oder mit fest an der Schale klebenden Blättern bedeckt, doch immer noch mit einem schönen Glanz und mindestens so reif und gut gelagert wie die in den Fässern, ja sogar knackiger und frischer als diese. Wenn diese Reserven erschöpft sind, habe ich gelernt, zwischen den aus einem horizontalen Ausläufer sprießenden Wurzelschösslingen zu suchen, wo gelegentlich ein Apfel steckenbleibt, oder mitten in einem Holundergebüsch, wo sie unter einer dicken Laubschicht vor ausschnüffelnden Kühen sicher sind. Wenn ich großen Appetit habe, denn die Blauparmäne verschmähe ich ganz und gar nicht, fülle ich meine Taschen auf beiden Seiten, und auf dem vier, fünf Meilen langen Heimweg durch den frostigen Abend esse ich erst einen aus dieser und dann einen aus jener Tasche, um das Gleichgewicht zu halten.

Gegen Ende November sind die unbeschädigten Äpfel zwar noch milder und vielleicht auch genießbarer, doch im Allgemeinen haben sie wie das Laub ihre Schönheit verloren und gefrieren allmählich, es ist handkalt, umsichtige Bauern holen ihre Fässer mit lagernden Äpfeln herein und bringen den Kunden die bestellten Äpfel und den Apfelwein, denn es ist Zeit, sie einzukellern. Ein paar letzte Äpfel auf dem Boden mögen ihre roten Wangen noch im frühen Schnee zeigen, gelegentlich überstehen manche sogar den Winter unter der Schneedecke, ohne Farbe und Konsistenz zu verlieren. Doch in der Regel gefrieren sie steinhart, wenn der Winter einsetzt, und haben bald, auch ohne zu faulen, die Farbe eines Backapfels.

Bevor der Dezember zu Ende geht, erleben sie in der Regel ein erstes Tauwetter. Noch vor einem Monat sauer, holzig und für den zivilisierten Gaumen ungenießbar, entpuppen sich die Äpfel – zumindest diejenigen, die im unbeschädigten Zustand gefroren waren – nun, kaum dass eine wärmere Sonne sie bescheint, als prall gefüllt mit einem süßen Apfelwein, der besser ist als jeder in Flaschen abgefüllte, den ich kenne. In diesem Zustand schmecken alle Äpfel köstlich, die Zähne sind die Kelter. Andere, die mehr Körper haben, sind jetzt eine saftig-süße Speise, meiner Meinung nach wesentlich schmackhafter als die aus der Karibik importierten Ananas. Andere Äpfel, vom Bauern achtlos am Baum gelassen, die ich – der ich ja auch halb zivilisiert bin – zu meinem Schaden kürzlich gekostet hatte, haben, wie ich jetzt erfreut feststellen kann, die Eigenschaft, am Baum zu bleiben, so wie die Blätter junger Eichen. Das ist eine Methode, den Apfelwein ohne Kochen süß zu halten. Erst lasse man den Frost kommen, der sie steinhart gefriert, und dann den Regen oder einen warmen Wintertag, um sie aufzutauen, und schon meint man, der Himmel selbst hätte ihnen ihr Aroma verliehen, es ihnen durch die Luft vermittelt, in der sie hängen. Oder aber man merkt bei der Heimkehr, dass die Äpfel, die zuvor hartgefroren in der Jackentasche kollerten, jetzt aufgetaut sind, wobei das Eis zu Apfelwein geworden ist. Nach dem dritten oder vierten Frost und Tauwetter schmecken sie allerdings nicht mehr so vorzüglich.

Was sind die importierten halbreifen Früchte des sengenden Südens im Vergleich zu dieser Frucht, die an der Kälte des frostigen Nordens gereift ist? Das sind diese sauren Holzäpfel, mit denen ich meinen Begleiter hereinlegen wollte, wenn ich ihm einen anbot, ohne eine Miene zu verziehen. Jetzt stecken wir beide uns gierig die Taschen voll – gebückt leeren wir die Becher, um unsere Barben* nicht mit dem überschäumenden Saft zu beflecken – und werden immer lustiger von diesem Wein. Hängt da nicht noch einer hoch oben im Baum, von anderen Zweigen so geschützt, dass unsere Stöcke ihn nicht herunterholen konnten?

Das ist eine Frucht, die meines Wissens nie auf den Markt gebracht wird, ganz anders als Marktäpfel, Trockenäpfel und

Apfelwein, und auch nicht jeder Winter lässt sie so vollkommen werden.

Das Zeitalter der wilden Äpfel wird bald vorüber sein. In Neuengland wird diese Frucht wahrscheinlich aussterben. Noch kann man durch alte ausgedehnte Obstgärten einheimischer Sorten wandern, die größtenteils für die Apfelkelter bestimmt waren, doch jetzt alle verderben. In einer Stadt soll es einen am Hang gelegenen Obstgarten gegeben haben, wo die Äpfel den Berg hinunterrollten und sich unten vier Fuß hoch an einer Mauer stauten, die deren Besitzer dann einreißen ließ, weil er fürchtete, die Äpfel könnten zu Apfelwein verarbeitet werden. Seit der Einführung der Prohibition und der allgemeinen Verbreitung veredelter Früchte pflanzt niemand mehr einen einheimischen Apfelbaum, wie ich sie überall auf verlassenen Weiden und umgeben von inzwischen emporgewachsenen Wäldern vorgefunden habe. Ich fürchte, dass die Wanderer, die in hundert Jahren durch diese Gegend streifen, nicht mehr erleben können, wie viel Vergnügen es macht, wilde Äpfel vom Baum zu holen. Egal wie beliebt die Sorten Baldwin und Porter sind, ich bezweifle, dass man heute in unserer Stadt so ausgedehnte Obstgärten anlegt wie vor hundert Jahren, als man diese riesigen, wuchernden Plantagen für Weinäpfel pflanzte, als man Äpfel aß und trank, als der Tresterhaufen die einzige Baumschule war und Bäume nichts kosteten als die Mühe, sie zu pflanzen. Damals konnte man sich leisten, an jede Wand und Mauer einen Apfelbaum zu setzen und abzuwarten, was daraus wurde. Heute sehe ich niemanden mehr, der an so abwegigen Stellen, an einsamen Straßen- und Wegesrändern und in waldigen Niederungen Bäume pflanzt. Jetzt, wo man veredelte Bäume hat, für die man bezahlen muss, werden die Bäume nah am Haus gesetzt und eingezäunt, und am Ende werden wir alle unsere Äpfel nur noch in Fässern beim Verkäufer suchen können.

* *

Wie wenig Wert legen wir auf wahrhafte Großartigkeit und Schönheit der Natur! Ein Dutzend Meilen von uns entfernt könnte es die herrlichsten Landschaften der Welt geben, ohne dass wir davon wüssten – nur weil die dortigen Bewohner sie nicht wertschätzen oder wahrnehmen und deshalb anderen nicht davon berichten. Sollte man aber dort ein Goldkörnchen finden oder in einer Süßwassermuschel eine Perle entdecken, dann würde die Nachricht im Nu die Runde im ganzen Staat machen. Tausende suchen jährlich die White Mountains auf, um in ihrer wilden und ursprünglichen Natur Erholung zu finden, doch bei der Entdeckung des Landes sah es fast überall so aus – und vieles von dieser Schönheit könnte heute noch zu unserem Wohlbefinden beitragen, wenn man ein wenig Voraussicht und guten Geschmack hätte walten lassen.

Ich glaube, es gibt keine einzige Stadt in diesem Land, die erkennt, worin ihr wahrer Reichtum besteht. Im letzten Herbst habe ich die Stadt Boxboro besucht. Das Denkwürdigste und Prächtigste, das ich dort, nur acht Meilen westlich von hier, sah, war ein edler Eichenwald, sicher gibt es in Massachusetts keinen prächtigeren. Wenn er noch fünfzig Jahre steht, werden die Menschen aus dem ganzen Land dorthin pilgern, und zwar nicht nur mit dem profanen Ziel, dort Eichhörnchen zu schießen. Aber ich konnte mir gleich denken, dass es in Boxboro wohl nicht so anders war als im Rest Neuenglands und man sich dieses Waldes hier eher schämte. Der Geschichtsschreiber, der sich vielleicht eines Tages der Stadtgeschichte annimmt, würde es bestimmt versäumen, auch nur ein Wort über den Wald – das bei weitem Interessanteste, das Boxboro zu bieten hat – zu verlieren und sich stattdessen ganz und gar der Geschichte der Kirchengemeinde widmen.

Und ich sollte recht behalten: Bald darauf stieß ich auf eine kurze historische Notiz zu dem Ort Stow, zu dem damals auch Boxboro gehörte. Die Notiz hatte ein Pfarrer namens John Gardner vor fast hundert Jahren für die *Massachusetts Historical Collections* verfasst. Nach einem Bericht darüber, wer sein Amtsvorgänger war und wann er selbst berufen wurde, schreibt Mr Gardner: »Was Sehenswürdigkeiten betrifft, so bin ich der Meinung, dass wir von den Städten unseres Ranges in der ganzen Provinz am wenigsten vorzuweisen haben ... Mir fällt nur ein einziger Ort ein, auf den man die Öffentlichkeit hinweisen sollte, und das ist das Grab von Mr John Green, der offenbar in England war und dort von Cromwell zu einem Beamten des Schatzministeriums ernannt wurde. Ob er von der Amnestie ausgeschlossen wurde oder nicht, vermag ich nicht zu sagen«, erklärt Mr Gardner. Jedenfalls kehrte Mr John Green nach Neuengland zurück, »lebte hier und starb und liegt an diesem Ort begraben.«

Ich kann Mr Gardner versichern, dass Mr Green von der Amnestie nicht ausgeschlossen war.

Gewiss, zu Gardners Zeiten war der Wald von Boxboro noch

keine solche Besonderheit, doch für sich genommen war er auch damals schon sehr bemerkenswert.

Vor ein paar Jahren unterhielt ich mich mit einem jungen Mann, der sich vorgenommen hatte, die Geschichte seiner Heimatstadt zu schreiben. Die Stadt lag hoch in den Bergen, in einer wilden Gegend, und ihr bloßer Name weckte bei mir so viele Assoziationen, es tat mir geradezu leid, dass ich nicht selbst diese Aufgabe vor mir hatte. Nur wenige ursprüngliche Einwohner waren von dort vertrieben worden, und kein einziger Beamter des Schatzministeriums lag dort begraben. Doch zu meinem Verdruss klagte der angehende Autor in dem Gespräch, es gebe kaum etwas, über das er schreiben konnte. Seine Stadtgeschichte würde in der Tatsache gipfeln, dass General C. in dieser Stadt gelebt hatte und der Sitz der Familie noch erhalten sei. Um diese Krönung sollte sich das ganze übrige Material gruppieren.

Bei der Lektüre jeder wirklichen Geschichte wie beispielsweise der von Herodot oder Beda dem Ehrwürdigen wird man als Leser feststellen, dass man weniger am Gegenstand interessiert ist als am Erzähler selbst, an seiner Art, sich mit dem Gegenstand auseinanderzusetzen, an der Bedeutung, die er diesem beimisst. Ein minderer Autor ohne Genie muss etwas haben, was er für ein großes Thema hält, ein Thema, an dem wir schon durch die Darstellungen anderer ein gewisses Interesse haben, doch ein Genie – ein Shakespeare zum Beispiel – wäre imstande, die Geschichte seiner kleinen Gemeinde interessanter zu gestalten als ein Geringerer die Geschichte der ganzen Welt. Überall, wo Menschen gelebt haben, kann man eine Geschichte erzählen, und ob diese interessant ist oder nicht, das hängt hauptsächlich vom Erzähler der Geschichte oder dem Geschichtsschreiber ab.

Ich habe inzwischen allerdings erfahren, dass man in Boxboro nun doch sehr dafür ist, dass der Wald stehen bleibt und nicht von Häusern und Gutshöfen verdrängt wird. Das liegt weniger an seiner Schönheit als daran, dass das Land jetzt viel höhere Steuern bringt als es mit der Bebauung der Fall wäre. Trotzdem werden die Bäume sicher in den nächsten Jahren für den Schiffbau und dergleichen abgeholzt, auch wenn sie viel zu wertvoll sind, um darauf verschwendet zu werden. Meiner Meinung nach wäre es klug, wenn der Staat mehrere solche Wälder erwerben und hegen würde. Die Bevölkerung von Massachusetts ist bereit, eine Professorenstelle für Naturgeschichte einzurichten – aber sieht sie nicht die Notwendigkeit, Teile der Natur selbst unangetastet zu erhalten?

Ich habe die Erfahrung gemacht, dass die heranwachsende Generation in dieser Stadt nicht weiß, was eine Eiche oder eine Tanne ist, die Exemplare, die sie kennen, sind nur ein schwacher Abglanz der echten Bäume. Sollen wir jemanden einstellen, der Vorlesungen zur Botanik halten kann – beispielsweise über Eichen, unsere edelsten Gewächse – während wir anderen gestatten, die wenigen erhaltenen wunderbaren Exemplare dieses Baums abzuholzen? Das ist so, als würde man Kinder in Latein und Griechisch unterrichten und gleichzeitig die in diesen Sprachen geschriebenen Bücher verbrennen. Ich klage dabei mich mit meinem Lebensstil genauso an wie andere und bin deshalb auch zuversichtlich, dass man sich zu Herzen nimmt, was ich sage. Ich hoffe, ich bin mit meinen Worten nicht so ein schlechter Schütze, dass ich – wie die meisten Pfarrer – in die Menge schieße, ohne einen zu treffen, auch wenn ich niemanden speziell im Visier habe.

So trampeln wir durch die Welt wie der Ochse im Blumenbeet. Die wahre Frucht der Natur kann man nur mit bebendem Herzen und scheuer Hand pflücken, unbestochen von der Aussicht auf einen irdischen Gewinn. Kein Lohndiener kann uns helfen, diese Ernte einzubringen. Bei den Indianern waren die Erde und ihre Erzeugnisse allgemeiner Besitz und für den ganzen Stamm unentgeltlich wie Wasser und Luft, doch bei uns, die wir die Indianer verdrängt haben, behält die Gemeinschaft nur einen kleinen Garten oder Gemeindeanger in der Mitte des Dorfes, vielleicht mit einem Friedhof daneben, und dem geduldeten Wegerecht über eine besonders schmale – und von Jahr zu Jahr schmäler werdende – Straße von einem solchen Anger zum nächsten. Ich bezweifle, dass man mehr als fünf Meilen in gleich welche Richtung reiten kann, ohne auf jemanden zu stoßen, der einen Wegzoll erhebt und den Zeitpunkt erwartet, wo ihm oder seinen Erben das alles als Eigentum zufallen wird. So haben wir zivilisierten Menschen es eingerichtet.

Ich empfinde nicht gerade viel Achtung und Dankbarkeit gegenüber den Vorvätern, die unsere Dörfer in Neuengland so angelegt haben, egal von welchen Vorbildern sie sich leiten ließen. Jeder beliebige von den Vorurteilen des alten England befreite Lehrling hätte in dieser Neuen Welt Besseres auf die Beine stellen können. Wenn sie wirklich so weit von ihrer Heimat entfernt die »Freiheit zu Gott zu beten« suchten, wie manche beteuern, warum haben sie sich dann nicht ein bisschen mehr Freiheit gesichert, als es kaum etwas kostete, und sie ohnehin schon bei der Sache waren? Sie haben Bethäuser gebaut – aber warum haben sie nicht gleichzeitig viel großartigere und nicht von Menschenhand geschaffene Tempel vor Entweihung und Zerstörung bewahrt?

Welche natürlichen Eigenschaften machen eine Stadtgemeinde so schön und einladend, dass Menschen von weither kommen wollen, um sich dort anzusiedeln? Ein Fluss mit seinen Schnellen, Wiesen, Seen, Hügel, Klippen oder Felsmassive, ein Wald und freistehende Baumriesen. Solche Dinge machen Schönheit aus. Sie haben einen hohen Nutzen, der sich nie in Dollar oder Cent niederschlagen wird. Wenn die Einwohner einer Stadt klug wären, würden sie solche Dinge auch um einen hohen Preis bewahren wollen, denn sie tragen viel mehr zur Bildung bei als jeder im Lohn stehende Lehrer oder Prediger und mehr als jedes derzeit anerkannte Schulsystem. In meinen Augen ist niemand imstande einen Staat oder auch nur eine Stadt zu gründen, der nicht Wert und Nutzen solcher Dinge im Auge hat, sondern stattdessen gleichsam Gesetze für Ochsen schafft. Es würde sich tatsächlich lohnen, in jeder Stadt eine Kommission einzusetzen, die dafür sorgt, dass der Schönheit der Stadt kein Abbruch getan wird. Wenn sich dort das größte Felsmassiv des Landes befindet, dürfte dieses keiner Einzelperson gehören oder zu Türschwellen verarbeitet werden. In manchen Ländern gehören Edelmetalle der Krone, und hier sollten entsprechend die wertvolleren Gegenstände natürlicher Schönheit öffentliches Eigentum sein. Wir sollten diese Neue Welt neu erhalten. Das heißt: die Stadt umsichtig nutzen, doch so weit wie möglich die Vorzüge des Landlebens erhalten.

In meinen Augen gibt es keinen größeren natürlichen Schmuck und Schatz unserer Stadt als den Fluss. Er gehört zu den prägenden Merkmalen, die entscheiden, ob ein Mensch sich hier niederlassen möchte oder nicht, und er ist eine der Sehenswürdigkeiten, die wir als Erstes einem Fremden zeigen. Das ist für uns ein großer Vorteil gegenüber benachbarten Städten, die keinen Fluss haben. Dennoch hat die Stadt als Gemeinde ihn immer nur mit ausschließlich utilitaristischem Blick betrachtet und hat nie etwas für den Erhalt seiner natürlichen Schönheit getan. Die Stadtplaner hätten den Fluss als gemeinschaftlichen Besitz für alle Zeit zugänglich machen sollen. Als Gemeinschaft hätte die Stadt wenigstens das einsetzen sollen, was eine Einzelperson mit Sinn für Schönheit als Besitzer eines ähnlichen Geländes in England tun würde. Meiner Meinung nach sollte nicht allein die Rinne, sondern auch eine oder beide Ufer eines jeden Flusses ein öffentlicher Weg sein, denn ein Fluss ist nicht nur dafür gut, um darauf zu segeln. In diesem Fall hätte man der Öffentlichkeit einen Uferweg vorbehalten können, die Bäume, die ihn schmücken, hätte man unter Schutz stellen und zahlreiche Alleen zwischen Hauptstraße und Uferweg angelegen können. Das hätte nicht mehr gekostet als ein paar Hektar Land und etwas Holz, und wir wären alle in den Genuss dieser Einrichtung gekommen. Jetzt gibt es nur an den Brücken einen Zugang, und zwar an Stellen, die von der Stadt verhältnismäßig weit entfernt sind, und man hat keinen Fußbreit Ufer auf dem man stehen kann, ohne unbefugt privaten Grund und Boden zu betreten. Will man friedlich am Ufer entlangspazieren, stößt man bald auf Zäune, die in rechtem Winkel zum Wasser errichtet sind und weit in den Fluss hineinragen, wo Privatpersonen – höchst verständlich unter den gegebenen Verhältnissen – ein Monopol auf das Ufer erheben wollen. Zu guter Letzt werden wir den Fluss nur noch vom Turm des Bethauses sehen können. Und was die Bäume angeht, die in meiner Erinnerung das Ufer säumten – wo sind sie? Und wo wird der Rest sein, wenn noch einmal zehn Jahre vergangen sind?

Wenn es an einem Ort einen beherrschenden Berggipfel gibt, müsste dieser der Öffentlichkeit uneingeschränkt zugänglich sein. Man stelle sich einen Berg vor – für die Indianer schon ein heiliger Ort – der jetzt in einem besiedelten Bezirk liegt und nur über privates Gelände zu erreichen ist. Sozusagen ein Tempel, der ohne unbefugtes Betreten von privatem Grund selbst nicht betreten werden kann, ja der Tempel selbst wird am Ende noch privat sein und sich auf dem Grundstück von einer Privatperson befinden, wie es heute üblich ist. Die Gerichte von New Hampshire haben vor Kurzem darüber entschieden – als wäre es an ihnen, solche Entscheidungen zu treffen! – ob der Gipfel von Mount Washington A oder B gehört. Man befand zugunsten von B, und wie ich gehört habe, stieg dieser eines Winters mit den entsprechenden Beamten auf den Berg und ergriff förmlich Besitz von ihm. Ein solcher Ort sollte im Namen von Bescheidenheit und Respekt außerhalb jeden Besitzverhältnisses bleiben, und sei es auch nur um der Vorstellung willen, dass der Wanderer, der diesen Gipfel erklimmt, in gewisser Weise über sich und sein heimatliches Tal hinaussteigt und seine niederen Gewohnheiten hinter sich lässt.

Ich bin mir bewusst, dass der Begriff des Tempels heute nur noch rhetorisch verwendet wird. Tempel werden nicht mehr als solche anerkannt, das Wort wird mit Heidentum assozi-iert. Erfahrungsgemäß ist den meisten Menschen nicht sehr an der Natur gelegen, und sie sind gern bereit, ihren Anteil an der Schönheit der Natur unwiderruflich um eine festgesetzte und nicht besonders hohe Summe zu verkaufen. Gott sei Dank kann der Mensch noch nicht fliegen und den Himmel ebenso übel zurichten wie die Erde! Davor sind wir vorläufig wenigs-tens sicher. Und eben deshalb, weil manchen so wenig an die-sen Dingen gelegen ist, müssen wir mit vereinten Kräften die Gesamtheit vor der Zerstörungswut einiger weniger schützen.

Gewiss, noch nehmen wir uns die Freiheit und gehen in alle Richtungen querfeldein über anderer Grund, doch natürlicher-weise werden wir uns mit jedem Jahr weniger erlauben kön-nen, da wir auf größeren Widerstand treffen werden, und bald werden wir uns mit genauso schmalen Pfaden begnügen wie in England, wo das Betreten von privatem Grund und Boden nicht infrage kommt, und wir werden um Erlaubnis bitten müssen, um im Park dieser oder jener Dame spazieren zu dürfen. Ge-wiss, es gibt auch Grund zu Hoffnung für die Allgemeinheit: Wir haben eine wachsende Bibliothek, und die Stadt pflanzt Bäume entlang den Straßen. Aber verdient nicht die offene Landschaft selbst Aufmerksamkeit? Wir fällen die wenigen alten Eichen, die Zeuge waren, wie der ganze Bezirk von den Indianern auf den weißen Mann überging, und machen womöglich die Patro-nentasche eines britischen Soldaten aus dem Jahre 1775 zum ersten Ausstellungsstück in unserem Museum.

Ich meine, jede Stadt sollte einen Park, oder besser noch einen naturbelassenen Wald von fünfhundert oder tausend Hektar haben, entweder als ganzes oder in einzelnen Forsten, wo auch nicht ein Stock als Brennholz, für die Marine oder den Wagenbau geschnitten werden darf, wo die Bäume zu einem höheren Zweck wachsen und vergehen – zum Zweck eines immerwährenden gemeinschaftlichen Besitzes, zur Belehrung und Erholung. Der ganze Forst von Walden mit Walden in der Mitte könnte einem solchen Zweck vorbehalten sein, und Easterbrooks Country, ein gut vier Quadratmeilen großes unkultiviertes Stück Land im Norden unserer Stadt, könnte unser Heidelbeerfeld sein. Eigentümer dieser Ländereien, die sich anschicken, diese Welt zu verlassen und keine natürlichen Erben haben, die eine besondere Zuwendung brauchen oder verdienen, werden gut daran tun, ihr Eigentum der Menschheit insgesamt zu hinterlassen, anstatt es einer Einzelperson zu vererben, die vielleicht schon genug hat, denn so könnte der Fehler wiedergutgemacht werden, der bei der Planung der Stadt begangen wurde. Auf die gleiche Weise, wie manche Leute in ihrem Testament Harvard College oder eine ähnliche Einrichtung bedenken, kann man auch der Stadt Concord einen Wald oder ein Heidelbeerfeld vermachen. Diese Stadt ist sicher eine Einrichtung, die es verdient im Testament bedacht zu werden. Vergesst die Heiden in fernen Ländern und besinnt euch auf die Naturvölker und die wilden Inseln hier. Man hört von Gemeindewiesen für Kühe und Grundstücken für Kirchenmänner, aber wir wollen auch Gemeindewiesen für Menschen und Grundstücke für Kirchenlose. Es gibt Wiese und Weide und Holzgrund für die Armen der Stadt, warum nicht auch Wald und Heidelbeerfelder für die Reichen der Stadt? Wir brüsten uns mit unserem Schulsystem, doch warum geht es dabei nur um Schullehrer und Schulhäuser? Wir sind alle Lehrer, und die ganze Welt ist unser Schulhaus. Es ist absurd, sich nur dem Pult oder Schulgebäude zu widmen, und indessen die Landschaft außer Acht zu lassen, in der die Schule steht. Wenn wir nicht achtgeben, werden wir eines Tages erstaunt feststellen, dass unsere Schule in einem privaten Viehhof steht.

So oft ist doch der Park der ganze Stolz einer Stadt, gerade dieses Gelände, das den geringsten Eingriff in seine ursprüngliche Beschaffenheit verlangt.

Lebt in jeder Jahreszeit so, wie sie ihren Gang nimmt, atmet die Luft, trinkt die Säfte, kostet die Früchte, lasst sie ihre Wirkungen entfalten. Mögen das die einzigen Heilsäfte und pflanzlichen Arzneien sein. Im August esst Beeren und kein Dörrfleisch und Pemmikan wie an Bord eines Schiffs auf Fahrt durch den wüsten Ozean. Setzt euch dem Wind aus allen Richtungen aus. Öffnet all eure Poren und badet in den Gezeiten der Natur, in all ihren Flüssen und Meeren, zu allen Jahreszeiten. Krankheit und Infektionen kommen von innen, nicht von außen. Der Kranke, den ein unnatürliches Leben an den Rand des Grabes gebracht hat, der nie die wunderbaren Wirkungen der Natur in sich aufgesogen hat, der Tee von einem einzigen Kraut trinkt, ohne sein unnatürliches Leben aufzugeben – der spart am Spundloch und verschwendet auf den Spund. Weder die Natur noch sein Leben sind ihm lieb, und so siecht er dahin und stirbt, und kein Arzt kann ihn heilen. Ergrünt mit dem Frühling, werdet gelb und reif mit dem Herbst. Trinkt die Wirkung einer jeden Jahreszeit wie eine Essenz, ein Allheilmittel, aus allen Arzneien nur für euch gebraut. Kein Mensch wird krank von den Essenzen des Sommers, nur von denen, die er im Keller gelagert hat. Trinkt nicht den bei euch vergorenen Wein, sondern den, den die Natur abgefüllt hat – ihr Wein ist nicht in einer Ziegen- oder Schweinehaut, sondern in der Haut unzähliger Beeren. Lasst die Natur für euch einlagern, abfüllen, säuern. Denn die Natur ist unablässig um unser Wohlergehen bemüht. Sie existiert zu keinem anderen Zweck. Widersetzt euch ihr nicht. Auch ohne das geringste Bemühen um Gesundheit würden wir so nicht krank. Die Menschen haben die Zuträglichkeit einiger weniger wilder Dinge entdeckt – oder meinen sie entdeckt zu haben – aber nicht der Natur insgesamt. Dabei ist Natur nur ein anderer Name für Gesundheit. Es gibt Leute, die meinen, der Frühling oder der Sommer oder der Herbst oder der Winter seien ihnen nicht bekömmlich, und tatsächlich bekommen sie ihnen nicht – weil diese Menschen nicht das Wesentliche an den Jahreszeiten mitbekommen.

ANMERKUNGEN

Henry David Thoreau (1817–1862), einer der Urväter des Nature writing, war Privatsekretär von Ralph Waldo Emerson und baute auf dessen Waldstück eine Blockhütte, in der er zwei Jahre lebte und darüber *Walden oder Leben in den Wäldern* schrieb. Von größter Bedeutung ist sein Tagebuchwerk, das bei Matthes & Seitz Berlin in Einzelbänden erscheint. Bis heute übt Thoreau großen Einfluss auf Generationen von Schriftstellern und Künstlern aus und dient als Vorbild für zivilen Ungehorsam.

Esther Kinsky geb. 1956, lebt in Berlin und in Battonya/Ungarn. Sie ist Übersetzerin aus dem Polnischen, Russischen und Englischen. 2009 war sie für den Übersetzerpreis der Leipziger Buchmesse nominiert und erhielt den Paul-Celan-Preis. Als Autorin veröffentlichte sie die Romane *Sommerfrische* und *Banatsko;* die Gedichtbände *Aufbruch nach Patagonien, die ungerührte schrift des jahrs* und *Naturschutzgebiet* sowie den Essay *Fremdsprechen. Gedanken zum Übersetzen.*

Lob der Wildnis

Erste Auflage Berlin 2014

Copyright © 2014

MSB Matthes & Seitz Berlin Verlagsgesellschaft mbH

Göhrener Straße 7, 10437 Berlin

info@matthes-seitz-berlin.de

Alle Rechte vorbehalten.

EINBAND UND TYPOGRAFIE Pauline Altmann, Berlin
nach einem Entwurf von Judith Schalansky

ZEICHNUNGEN Bettina Krieg, Berlin (© VG Bild-Kunst)

FRONTISPIZ Portrait von Henry D. Thoreau im Juni 1856
von Benjamin D. Maxham

SCHRIFT Ingeborg von Michael Hochleitner/Typejockeys
und Akzidenz Grotesk von H. Berthold

HERSTELLUNG Hermann Zanier, Berlin

PAPIER 90 g/m² Munken Premium

DRUCK UND BINDUNG Friedrich Pustet, Regensburg

ISBN 978-3-88221-076-7

www.matthes-seitz-berlin.de